Albert Burkhardt

Sagen und Märchen der Insel Rügen

Arkona
Vitt
Juliusruh
Stubben-
kammer
Herthasee
Hiddensee
Dubberworth
Nonnen-
see
Rugard
Granitz
Buska
Rambin
Garz
Mönch-
gut
Dumsevitz

ALBERT BURKHARDT

Sagen und Märchen der Insel Rügen

ALTBERLINER
Berlin · München

Illustrationen von
Christa Unzner-Fischer

Der Königsstuhl

Wunderschön ist der Ausblick vom Königsstuhl. Vor uns liegt das weite Meer, in vielen Farbtönen zwischen Blau und Grün wechselnd. Wellen brechen sich im Ufergeröll, steil erheben sich die Kreidefelsen, vom Laub des Buchenwaldes gekrönt – ein unvergeßliches Bild!

Am eindrucksvollsten aber ist der Anblick des Königsstuhls für die Seefahrer. Sie können dieses prächtige Felsmassiv aus Kreide vom Meer her besonders klar erkennen und haben ihm wohl auch seinen Namen gegeben. Eine alte Volkssage erzählt, daß hier einstmals den Königen der Insel Rügen gehuldigt wurde. Danach soll der König auf einem Stuhl gethront haben, der auf Erdreich errichtet wurde – dem Königsstuhl. Bevor er jedoch diese Würde erhielt, mußte er seine Kraft und seine Kühnheit beweisen, denn die Bewohner der Insel wählten nur den tapfersten Helden der Insel zum König. Er mußte den Kreidefelsen erklimmen und den Stuhl von der See her besteigen.

Eine andere Sage spinnt sich um eine tiefe Höhle in der »Stubbenkammer« unterhalb des Königsstuhls. Vom Ufer aus führt ein steiler Pfad dorthin. In dieser Felsenhöhle sitzt seit vielen Jahren eine schwarze Frau. Früher hatte sie einen kunstvoll gearbeiteten Becher bei sich, und eine weiße Taube hielt oben auf dem Felsen Wache. Eines Tages legte ein Schiff vor der Stubbenkammer an. Die Männer, die ausstiegen, ließen sich von Fischern die Höhle zeigen. Sie führten einen Übeltäter mit sich, er war in Dänemark wegen Hochverrats zum Tode verurteilt worden. Der Dänenkönig hatte ihn begnadigt, ihm jedoch eine Bedingung gestellt: Wolle er mit dem Leben davonkommen, müsse er ihm den goldenen Becher von der schwarzen Frau in der Stubbenkammer bringen.

Jetzt war der Augenblick gekommen. Der Verräter wurde bis zum Felsenpfad geleitet. Die Männer lösten seine Fesseln, allein mußte er zur Höhle hinaufgehen. Er erreichte auch den Eingang, verlor aber allen Mut, als er mächtige Flammen in der Höhle auflodern sah. Unerträgliche Hitze umgab ihn, und beinahe wäre er auf der Stelle umgekehrt. Doch das hätte die Vollstreckung des Todesurteils bedeutet. So trieb ihn die Verzweiflung vorwärts.

Plötzlich erblickte er inmitten der Flammen die schwarze Frau. Unbeweglich saß sie da, in schwarze Kleider gehüllt, einen schwarzen Schleier vor dem Gesicht, und neben ihr stand der Becher aus reinem Gold.

Schnell versuchte der Eindringling, den ersten Schrecken abzuschütteln, sah er sich doch dicht am Ziel. Den Becher mußte er haben, koste es, was es wolle! Er überwand die Scheu vor den gierig züngelnden Flammen und schritt eilig vorwärts. Es gelang ihm auch, bis zu der schwarzen

Frau vorzudringen. Schon ergriff er den Becher – da schlug die Frau den Schleier von ihrem Gesicht, das bleich und schön war. Mit klaren blauen Augen blickte sie den Fremden an und sagte mit beschwörender Stimme, daß er jäh innehielt in seinem Griff: »Wähle recht, fremder Mann, wähle recht, so bin ich auf ewig dein!«

Doch der Sinn des Fremden stand nur nach dem goldenen Becher, der ihm das Leben verhieß. Er hörte nicht auf die Worte der Frau, sondern wählte den Becher. Er riß ihn an sich und stürzte aus der Höhle. Hinter ihm erhob sich ein lautes Jammern und Klagen. Eine Stimme rief: »Wehe mir! Nun kann mich keiner mehr erlösen.«

Der Mann konnte glücklich den lodernden Flammen entrinnen. Als er aus der Höhle trat, verschwand die weiße Taube von der Felsenhöhe, und ihre Stelle nahm ein schwarzer Rabe ein, der seitdem oben auf dem Felsen Wache hält.

Als der Fremde seine Landsleute erreicht hatte und ihnen den Becher übergab, hörten sie alle von der Höhle her das durchdringende Wehklagen der schwarzen Frau. Sie schraken zusammen, und weil es kein Ende nehmen wollte, wagten sie nicht, den Becher mit nach Dänemark zu nehmen. Sie brachten ihn in die Kirche von Bobbin, wo er noch jetzt zu sehen sein soll.

*

Von der Höhe des Königsstuhls fällt der Blick auf zahlreiche Findlinge im Meer. Ein besonders großer Steinblock – »der Waschstein« – liegt etwas weiter nördlich, dreißig Meter vom Ufer entfernt. Seinen Namen verdankt er einer alten Sage. Danach sitzt dort alle sieben Jahre, am Johannistag, eine schöne Jungfrau im ersten Morgenlicht. Sie hat ein blutgetränktes Tuch in der Hand und versucht, es in der See zu waschen. Immer wieder spült sie das blutige Leinen im klaren Wasser. Doch all ihre Anstrengungen sind vergeblich, das Blut läßt sich nicht entfernen.

Wer zu dieser frühen Stunde am Strand von Stubbenkammer die schöne Jungfrau bei der Arbeit trifft, muß sie mit folgenden Worten anreden: »Guten Morgen, Gott helf'!«

Dann ist sie erlöst und schenkt ihrem Retter zum Dank dafür alle Schätze an Gold und Kleinodien, die in der Höhle zwischen den Kreidefelsen liegen.

Gerade am Johannistag war es, als früh am Morgen ein junger Fischer am Strand unterhalb des Königsstuhls entlangging. In der Nähe des Waschsteins erblickte er die Jungfrau auf dem Stein. Er sah auch das Leinentuch, das sie wusch und das trotz aller Mühe nicht weiß werden wollte. Da rief der Fischer, wie es auf Rügen üblich war, wenn man jemand bei schwerer Arbeit traf: »Guten Morgen, helf' Gott!«

Bei diesen Worten sah sie auf, und traurig sagte sie zu dem Fischer: »Hättest du doch ›Gott helf'!‹ gesagt – es wäre unser Glück gewesen. Nun aber muß ich warten, bis wieder jemand am Johannistag hier vorbeikommt, um mich zu erlösen.«

Damit verschwand die Jungfrau hinter dem

Waschstein. Gleich danach ging über dem Meer die Sonne auf, und die Kreidefelsen leuchteten in den ersten Strahlen.

Noch lange stand der Fischer tief betroffen am Ufer.

›Sie werde vielleicht noch einmal erscheinen‹, hoffte er. Doch die Jungfrau kam nicht wieder.

Die Göttin Hertha

Unweit vom Königsstuhl liegt mitten im Buchenwald dunkel und geheimnisvoll der Herthasee. Er soll unergründlich tief sein. Hohes Schilf umsäumt ihn, Seerosen schwimmen auf dem Wasser, alte Buchen recken ihre Zweige weit über die Ufer.

Wenn Stürme die nahe Ostsee aufwühlen und endloses Rauschen den Wald erfüllt, zeigt sich auf dem einsamen Waldsee kaum eine Welle. In seiner Stille und Abgeschiedenheit übt er auf den Wanderer einen eigenartigen Reiz aus.

Sagen geben Kunde von einer Kult- und Opferstätte, die sich einst hier befand, und es ist, als liege noch immer die Erinnerung an jene uns heute so ferne Zeit wie ein Hauch über dem See.

An seiner Nordseite erhebt sich ein Burgwall aus vorgeschichtlicher Zeit, die Herthaburg. Sie soll Wohnsitz und Verehrungsstätte der Göttin Hertha gewesen sein. Als Mutter der Erde sahen sie damals die Bewohner der Insel an und erbaten sich von ihr durch Opfer die Fruchtbarkeit der Felder.

Einmal im Jahr, zur Erntezeit, fuhr die Göttin in Begleitung eines Priesters durch das Land. Vor ihren Wagen waren weiße Kühe gespannt. Überall wurde sie mit Freudenrufen begrüßt. Frohe

Tage und Feste gab es an allen Orten, die die Göttin mit ihrem Besuch und ihrer Einkehr würdigte.

Während dieser Zeit lag Ruhe und Frieden über dem Land. Alles Eisen blieb eingeschlossen, und die Waffen schwiegen, so lange bis sich die Göttin, wenn sie genug vom Leben und Treiben der Menschen gesehen hatte, von dem Priester zu ihrem Wohnsitz zurückgeleiten ließ.

Versonnen geht der Wanderer auf dem schmalen Weg am Seeufer weiter und blickt an dem hohen Burgwall zu seiner Rechten empor. Der Wall senkt sich bald und bildet einen Einschnitt gegen den See hin. Hier wurde der Wagen der Göttin in den See gebracht, um nach dem Besuch bei den Menschen gewaschen zu werden.

Auch zum Bad fuhr die Göttin aus ihrem Heiligtum in den See, von dem ihrem Dienst geweihten Priester begleitet. Sklaven führten dabei die Kühe, wurden aber danach im See ertränkt, denn nach dem grausam strengen Gesetz mußte jeder sterben, der die Göttin außerhalb der Erntezeit mit ungeweihten Augen erblickt hatte.

All das berichtet der römische Geschichtsschreiber Tacitus in seinem Werk »Germania« aus dem Jahre 98. Er nennt nicht ausdrücklich die Insel Rügen, sondern spricht von einem heiligen Hain auf einer Insel im Nordmeer, in dem sich das Heiligtum der Göttin an einem unzugänglichen See befinde.

Vor fast vierhundert Jahren glaubten Reisende in dem slawischen Burgwall am »Borgsee« bei Stubbenkammer diese Weihestätte der germanischen Göttin Hertha entdeckt zu haben, und die Namen Herthaburg und Herthasee fanden erstmalig Verwendung dafür. Mag man heute auch am Bestehen eines Herthakultes in germanischer Zeit auf Rügen zweifeln, vor allem, weil Ausgrabungen keine entsprechenden Funde geliefert haben – die sagenhafte Überlieferung blieb mit diesem Ort, auf den die Beschreibung des Tacitus sonst zutrifft, verbunden und führte im Laufe der Zeit zur Entstehung weiterer Sagen.

In der Nähe des Burgwalls steht ein Felsblock, der als Sagenstein bekannt ist. Auf seiner schrägen Oberfläche sind die Eindrücke eines Menschenfußes und eines kleinen Kinderfußes zu erkennen. Hieran knüpft sich die Sage von der Steinprobe.

Zu der Zeit, als noch der Dienst der Göttin Hertha bestand, war unter den Jungfrauen, die ihr als Dienerinnen geweiht waren, ein junges Mädchen von auffallender Schönheit. Obgleich sie der Göttin ewige Jungfrauschaft hatte geloben müssen, schloß sie ein Liebesbündnis mit einem fremden Ritter und traf sich allnächtlich mit ihm im Wald.

Eines Tages erfuhr der Priester, daß eine der Jungfrauen ihr Gelübde verletzt habe. Auf sein Befragen bekannte sich jedoch keine dazu. Er rief die Göttin an, daß sie ihm die Schuldige durch ein Wunder entdecken möge.

Nun führte er auf Anweisung der Göttin die Jungfrauen zum Opferstein, wo er ihnen befahl, nacheinander mit bloßen Füßen über den Stein zu gehen. Als die Schuldige den Stein betrat, offenbarte sich zum Entsetzen aller ihr Vergehen. Nicht nur ihr eigener Fuß drückte sich im Stein ab, sondern auch der eines kleinen Kindes.

Ihr Leben schien verwirkt zu sein. Der Priester ergriff die Sünderin, führte sie an den Rand des Hochufers und stieß sie von den Kreidefelsen in die Tiefe. Doch die Göttin hatte ein Einsehen und ließ sie in die Arme ihres Geliebten gleiten, der mit seinem Schiff auf sie wartete und sie mitnahm in seine ferne Heimat.

*

Am Waldweg nach Hagen liegt in einiger Entfernung vom Herthasee ein geöffnetes Steinkistengrab, das »Pfennigkasten« genannt wird. Dorthin soll der Priester das der Göttin Hertha geopferte Geld gebracht und es im Steinkasten verwahrt haben. Er bestand damals aus einigen aufrecht stehenden, im Viereck zusammengefügten Steinen, über denen ein flacher Deckelstein lag, und soll als Opfergeldbehälter und Opferaltar gedient haben.

Auf einer freien Stelle im Wald am Weg vom Herthasee nach Stubbenkammer stand noch bis vor wenigen Jahrzehnten ein uralter Baum, die Herthabuche. Oft wurde die riesige Baumkrone bewundert, die vier mächtige Hauptäste bildeten. Auch diese Buche soll einst mit dem Herthadienst verbunden gewesen sein. Hier versammelten sich mehrmals im Jahr die Stammesältesten der Inselbewohner, um die Weisungen der von ihnen verehrten Göttin entgegenzunehmen – das Heiligtum blieb ihnen verschlossen.

Mit feierlicher Geste gebot der Priester Schweigen in der Runde. Alle Augen richteten sich auf die Krone des Baumes. Leise regte es sich in den Ästen und Zweigen. Der Priester verkündete dann den Lauschenden aus dem Rauschen der Blätter, was nach dem Gebot der Göttin in der nächsten Zeit zu geschehen habe.

So offenbarte die Göttin Hertha ihren Willen. Sie selbst blieb im Heiligtum verborgen, bis zu ihrer nächsten Fahrt zu den Menschen in der Erntezeit.

Die Unterirdischen auf Rügen

Die Hügel der Hünengräber sollen einst von den kleinen Unterirdischen, den Zwergen, bewohnt gewesen sein. Auch an den Uferabhängen der Steilküste hatten sie ihre Behausungen. Ein munteres Völkchen war das, und manche Geschichten gibt es von den Begegnungen der Zwerge mit den Menschen.

Vier Arten von Unterirdischen soll es gegeben haben: schwarze, braune, grüne und weiße. Vor ihnen allen aber empfanden die Menschen Scheu und Furcht, und das ist erklärlich, denn jeder wußte, daß die Kleinen zaubern und sich verwandeln konnten, und nie war man vor ihnen sicher.

Besonders in acht nehmen mußten sich die Menschen vor den schwarzen Unterirdischen. Sie waren auf Schabernack aus und zuweilen bösartig, manche von ihnen wahre Tausendkünstler, kundig in allerhand Zauberei, voll Schalk und Trug. Sie hatten äußerst geschickte Kunstschmiede, und von diesen wurde berichtet, daß sie eine Härte und zugleich Geschmeidigkeit des Stahls kannten, die kein irdischer Schmied je erreicht hatte. Ihre Klingen waren biegsam wie Rohrhalme und scharf wie Diamanten.

Die Schwarzen waren nicht so schön anzusehen wie andere Unterirdische, sondern grundhäßlich. Weder Tanz noch Musik gab es bei ihnen, nur Geheul und Gewimmer. Wenn es bei Nacht in Wäldern und Sümpfen schaurig anzuhören war wie eine Menge schreiender Kinder oder wenn die Leute glaubten, ein Haufen Katzen miaute dort oder eine Schar Eulen kreischte und heulte – das waren die Schwarzen bei ihren nächtlichen Versammlungen.

Daß sie nichts Gutes im Sinn hatten, sah man ihnen schon an. Manchmal erschrak ein Bauer, wenn er in der Nähe des Garzer Burgwalls, wo sie sich besonders häufig aufhielten, auf einmal einen kleinen schwarzen Kerl mit übermäßig großem Kopf und langem Bart erblickte.

Auch Wilddiebe waren die Schwarzen, denn sie aßen gern Braten. Sie durften das Wild aber nicht mit einem Gewehr erlegen, und deshalb strickten sie Netze, die kein Mensch sehen konnte, so fein waren sie. Darin fingen sie das Wild. Deshalb hatten sie es auch auf die Jäger abgesehen und behexten manchem das Gewehr, damit er nichts mehr treffen konnte.

Das hatte Jochen Schulz erfahren müssen, ein tüchtiger Weidmann. Er war verzweifelt, als all seine Schüsse fehlgingen und er schließlich sein Amt als Jäger verlor. In seiner Not fragte er viele Leute um Rat. Alles war umsonst, bis er eines Tages eine alte Frau im Walde traf und ihr von seinem Mißgeschick erzählte.

Sie sagte ihm denn auch, es sei ganz gewiß ein Schwarzer, der ihm den Schuß besprochen habe, und es könne ihm kein Rat und kein Mittel in der

ganzen Welt helfen, als daß er etwas von den Unterirdischen in seine Gewalt bekomme. Dann zeigte sie ihm einen kleinen Hügel im Walde, wo die Schwarzen des Nachts aus ihrem unterirdischen Reich herauskamen. Da solle er hinschleichen, seinen Schrotbeutel nehmen und geschwind eine Handvoll Schrot ausstreuen. Falle ein Körnlein auf etwas, das einem Unterirdischen gehöre, müsse dieser es dalassen. Er solle nur den Morgen abwarten, bis alle fort seien und das Getroffene sichtbar werde. Er solle es auflesen und mitnehmen. Der Kleine, dem es gehöre, werde in seiner Herzensangst kommen und sich mit ihm abfinden müssen.

Jochen Schulz folgte getreulich dem Rat der Alten und wagte nach Mitternacht einen kräftigen Schrotwurf mitten auf den Hügel – und siehe, am andern Morgen fand er dort einen silbernen Gürtel mit einer niedlichen Spange. An dem Silber sah er noch die Stellen, wo seine Körner getroffen hatten.

Bald kam auch ein kleiner Schwarzer zum Vorschein und fing an, wegen des Gürtels zu verhandeln. Jochen hatte sich alles überlegt und verlangte, zu gewissen Zeiten einen Freischuß zu bekommen. Wohin er auch schieße, dort müsse dann Wild fallen, und zwar gerade von der Art, wie er es haben wolle, selbst wenn davon nichts zu sehen sei.

Sie wurden einig. Jochen Schulz stieg daraufhin zum ersten aller Jäger auf Rügen auf und war ein so sicherer Schütze, daß ihn viele für einen Hexenmeister hielten.

*

Die kleinen Unholde, die unsichtbar waren, wenn sie ihre Mützen aufhatten, erschienen des öfteren am hellichten Tag im Haus eines Garzer Bürgers mit Namen Sülm, dessen Garten an den Burgwall grenzte, und holten seiner Frau die besten Bratenstücke vom Herd. Eines Tages, als der Mann gerade mit ansehen mußte, wie der Braten aus der Pfanne verschwand, wurde es ihm zuviel, und wütend schlug er mit einem brennenden Holzscheit zu. Einen der Räuber hatte er getroffen. Der Kleine brüllte fürchterlich. Im Nu strömte das ganze Volk der Schwarzen aus dem Wall vor dem Haus zusammen.

»Wat fehlt di? Wer hat di wat angedahn?« fragten sie erregt.

Der Geschlagene brüllte: »Sülm dahn! Sülm dahn!«

Da antworteten die andern, die wohl begriffen, daß der Getroffene es zu arg getrieben hatte:

»Ja, Sülm dahn
is wohlgedahn,
för innere Pien
hebben wi keen Venyn!«

Damit ergriffen sie den immer noch wimmernden Kleinen und verschwanden mit ihm im Burgwall. Sie haben sich nicht noch einmal bei Sülm blicken lassen.

*

Auch an den Uferabhängen der Granitz sollen Schwarze gewohnt haben. Sie kamen dort oft zu nächtlichen Versammlungen und Spielen zusammen. Bei Tage verließen sie ihre Behausungen nur selten, und wenn es einmal geschah, entfernten sie sich nicht weit. Im Sommer saßen sie gern unter blühenden Holunderbäumen, deren Duft sie sehr liebten, und wer etwas von ihnen wollte, mußte sie dort aufsuchen und anrufen. Doch nur wenige Menschen taten das, die meisten kannten ihre Natur und ließen sich nicht erst mit ihnen ein.

Zu den dreistesten Untaten der Schwarzen gehörte, daß sie Säuglinge in der Wiege vertauschten. Ihre eigenen, mißgestalteten Kinder mit großen Köpfen und kleinen Gliedmaßen legten sie hinein. Dann war die arme Mutter entsetzt, wenn ihr Kind nicht wachsen und gedeihen wollte, und sie hatte viel Mühe und Plage mit dem Wechselbalg – so wurden diese Wesen dann genannt.

Auch üble Mädchenräuber waren die Schwarzen. Einmal versuchte eine Schar, ein junges Mädchen, das nahe am Garzer Burgwall Gänse hütete, in ihr unterirdisches Reich zu schleppen. Das Mädchen schrie um Hilfe, aber die Zwerge ließen nicht los, sondern riefen ihr nur zu:

»Bör up dinen Tand,
dat du di nich stöttst an witten Urant!«

Es hieß, daß sie einem Menschen, der Urant bei sich trug, nichts anhaben konnten.

So schleppten die Schwarzen das arme Ding immer näher zum Eingang ihrer Höhlen. Sie mußten sich anstrengen, denn das Menschenkind war ziemlich schwer für sie.

Da streiften die Füße des Mädchens den Erdboden, und zum Glück blieb ein Stiel blühenden Urants zwischen den Zehen hängen. Nun war es mit der Macht der räuberischen Schwarzen über das Mädchen vorbei. Sie ließen von ihm ab und mußten sich diesmal ohne Beute in die Tiefe zurückziehen

*

Die braunen Unterirdischen waren nicht so arglistig und heimtückisch wie die Schwarzen. Eigentlich waren sie gutmütige und fröhliche Wesen, aber auch sie trieben bisweilen mit den Menschen ihr übermütiges Spiel. Der Sage nach hatten sie vor allem in den Neun Bergen bei Rambin ihre wunderbaren kristallenen und gläsernen Häuser. Sie trugen braune Jäckchen und Röckchen und trippelten in gläsernen Schuhen. An ihren braunen Mützen bimmelten silberne Glöckchen. Jeder von ihnen hatte seine eigene Wohnung tief im Gestein, ein helles, gläsernes Häuschen. Für die Zwerge sollen alle Berge durchsichtig wie rings mit Glas umwachsen gewesen sein. So konnten sie entdecken, was menschlichen Augen verborgen blieb.

Die größten dieser Unterirdischen maßen kaum eine Elle (30 Zentimeter). Sie waren zierlich von Gestalt, und ihre Gebärden waren freundlich und nett. Sie hatten helle lichte Augen und winzige Hände und Füße. Gerade durch ihre Anmut und Freundlichkeit gelang es ihnen immer wieder, ein Menschenkind zu verführen. Kam es zu ihnen hinunter, mußte es dort jahrelang bleiben und ihnen dienen. Hatte der Mensch, der zu ihnen kam, jedoch ein Pfand, mußten sie ihn hinauslassen. Wer klug war, nahm sich durch List ein Pfand von den Zwergen. Sie waren dann gezwungen, Dienste zu tun, obwohl sie am liebsten selber über die Menschen geherrscht hätten. Das beste Pfand, das man ihnen abgewinnen konnte, war die Mütze mit dem Glöckchen. Wertvoll war auch ein gläserner Schuh oder eine silberne Spange. Wer etwas davon besaß, dem mußten sie zu Diensten sein.

Ob ihr Leben auch einmal zu Ende ging? Man wußte es nicht zu sagen. Manche Leute meinten, daß sich die Zwerge, wenn sie alt wurden, in Steinen und Bäumen verkrochen und zu wundersamen Klängen verwuchsen, zu Ächzern und Seufzern, die sich zuweilen hören ließen, ohne daß man wußte, woher sie kamen. Niemand hatte jemals einen toten Unterirdischen gesehen, und wenn ein Mensch die Zwerge danach fragte, antworteten sie so, als verstünden sie das Wort gar nicht. Einzelne Braune sollten über zweitausend Jahre alt sein, und es war kein Wunder, daß es hochweise Leute bei ihnen gab.

Die Braunen hatten viel Freude an Silber und Gold und fertigten kunstvolle Arbeiten daraus an, so daß die besten Meister oben erstaunt waren, wenn einmal ein solches unterirdisches Werk gefunden wurde. Viele nannten sie daher auch Hüter des Goldes und Silbers und meinten, sie seien von schlimmer Gier besessen. Diese Menschen taten ihnen unrecht, denn die braunen Unterirdischen waren nicht gierig, vielmehr schenkten sie den Menschen viele schöne Stücke. Sie hatten diese Dinge nur wegen ihres leuchtenden Schimmers und Glanzes besonders gern, denn Licht und Glanz liebten sie über alles.

Wenn sie in einer schönen Sommernacht oder auch im Lenz, wenn alles in Blüte stand, aus ihren gläsernen Bergen kamen, dann führten sie im mitternächtlichen Mondschein bei lieblicher Musik ihre Reigen auf.

Bei ihnen lebten auch Mädchen und Knaben, die sie unter der Erde verborgen hielten und nicht hinausließen, denn sie hatten sie geraubt oder durch Zufall in ihre Gewalt bekommen. Früher ließen sich Kinder am Abend oder früh am Morgen von der süßen Musik und dem Gesang, der durch die Büsche klang, verlocken. Sie liefen hin und lachten, denn sie glaubten, es jubilierten kleine Waldvögel. Dabei wurden sie von den Zwergen gefangen, in den Berg hinabgeführt und dort als Diener und Dienerinnen gehalten.

Aber es galt bei den Unterirdischen ein uraltes Gesetz: Alle fünfzig Jahre mußten sie alle, die sie eingefangen hatten, wieder ans Tageslicht lassen. Für die armen Gefangenen gab es wenigstens den Trost, daß dort unten keiner älter werden konnte als zwanzig Jahre, mochte er auch volle fünfzig

Jahre in der Tiefe gewesen sein. Auf diese Weise kamen alle wieder jung und schön heraus. Die meisten Menschen, die bei den Unterirdischen gewesen waren, hatten später auf der Erde Glück. Entweder waren sie klug und gewitzt geworden, oder die kleinen Leute halfen ihnen, wie einige erzählten, unsichtbar bei der Arbeit und trugen ihnen Gold und Silber zu.

Die Unterirdischen konnten sich heimlich in die Häuser der Menschen schleichen. Wenn sie ihre Mützen aufhatten, konnte sie kein Mensch sehen, es sei denn, er trug selbst eine solche Mütze. Die Braunen kamen jedoch nicht, um den Menschen Böses anzutun, sie wollten nur einmal sehen, was in den Häusern vor sich ging. Oft brachten sie etwas Schönes mit, besonders den Kindern, die sie sehr gern hatten. Fanden Kinder beim Spielen Dukaten oder goldene Ringe oder sahen sie beim Erwachen kleine, zierliche Schuhe oder ein neues Kleidchen an ihren Wiegen und Betten hängen, sollen diese Sachen von den Unterirdischen gewesen sein. Manche Leute sagten auch, sie seien oft unsichtbar um die Kinder gewesen, um sie vor Feuer und tiefem Wasser zu bewahren.

Es kam vor, das dic Braunen jemand schreckten und neckten, etwa faule Mägde und grobe Knechte, die sie mit Alpträumen in Angst versetzten oder als Hunde und Katzen bissen und kratzten. Auf Diebe und Räuber hatten sie es abgesehen, die sie, wenn sie nachts auf verbotenen Wegen schlichen, als Eulen in den Nacken stießen oder als Irrlichter in Sumpf und Morast lockten – oder ihren Verfolgern in die Arme trieben. Aber das geschah ihnen nur recht.

*

Die grünen Unterirdischen waren hübsch anzusehen und dazu rechte Kobolde. Sie lebten im grünen Buchenwald der Granitz und in der Gegend von Zirkow.

Ein Bauer aus Garz, der einmal nach Zirkow unterwegs war, kannte in der Garvitz, einem ausgedehnten Wiesengelände zwischen Zirkow und Posewald, einige prächtige Nußbäume, wo er sich als Junge schon die Taschen gefüllt hatte. Richtig, die Bäume standen noch, und er wurde nicht enttäuscht.

Wie er beim besten Pflücken war, hörte er in einiger Entfernung Schalmeientöne und Stimmen. Leise näherte er sich der Stelle und sah unter einem Baum eine Schar alter Männlein und Weiblein mit runzligen Gesichtern, und im Hintergrund stieg Rauch auf. Dort prasselte ein helles Feuer unter einem großen Kessel, und ein greises Mütterchen sorgte dafür, daß immer gut nachgelegt wurde.

Auf den untersten Ästen des Baumes saßen die Musikanten, die freudig ihre Schalmeien bliesen, während junge Leute unter frohem Lachen um den Baum tanzten. Alle waren lustig und wurden immer ausgelassener, und die Alten schauten dem munteren Treiben der Jugend mit innigem Wohlbehagen zu. Ein wunderliches Bild!

Der Bauer hatte schmunzelnd die vergnügten kleinen Leute eine Viertelstunde lang beobachtet – da sprang einer der Kleinen, der ihn gesehen haben mußte, zu der Alten am Feuer und rief: »Mohre, kiek, de Bur beluurt uns!«

Die Greisin wandte sich schnell um und stieß den Inhalt des Kessels ins Feuer, das sofort erlosch. Alles verschwand vor den Augen des Bauern. Als er näher herantrat, fand er noch rauchende Kohlen. Ringsumher war das Gras niedergetreten. Viele kleine Fußspuren waren auf dem Boden zu erkennen, aber von den Kleinen selbst sah und hörte er nichts mehr.

Leute aus der Gegend, denen er von seinem Erlebnis berichtete, meinten, es sei zwar schon einige Male geglückt, ein solches Fest der Unterirdischen zu sehen, aber bisher hätten sie es stets bemerkt und sich dann sofort aus dem Staub gemacht. Alle rieten dem Bauern, sich im nächsten Jahr nicht wieder dort blicken zu lassen, wenn er sich nicht den Neckereien der kleinen Gesellschaft aussetzen wolle, denn vielleicht könnten sie ihn als den Störenfried wiedererkennen.

*

Die freundlichsten und hübschesten der kleinen Leute waren die Weißen, die man auch Elfen nannte. Diese hatten nichts Arges im Sinn, sondern gönnten und taten den Menschen nur Gutes. Ihre Glieder und ihre Bewegungen waren fein und anmutig, ihr Gemüt überaus liebenswürdig. Die Weißen waren unschuldig und rein und neckten niemand, nicht einmal im Scherz. Ihr ganzes Leben war voller Licht wie das der Blumen und Sterne, mit denen sie auch am meisten Umgang hatten.

Diese Kleinen saßen im Winter, wenn es auf der Erde rauh und kalt war, ganz still in ihren Bergen und wirkten kunstvolle Dinge aus Silber und Gold, fein und dünn wie die zartesten Blumen, daß die Augen der meisten Sterblichen zu grob waren, sie zu sehen. Aus Silber und Gold konnten sie Röckchen weben, hauchdünn, daß man schwören wollte, sie seien aus Sonnen- oder Mondschein gewebt, denn sie waren leichter als die leichtesten Spinnweben. So lebten die Weißen den Winter hindurch in ihren verborgenen Klausen.

Kaum begann es aber im ersten Lenz zu sprossen und zu keimen an Bäumen und Blumen – husch! waren sie heraus aus den Bergen und schlüpften in Reiser und Stengel und von diesen in die Blüten, wo sie anmutig saßen und lauschten. Nichts anderes hatten sie vor, als sich zu freuen und anderen Freude zu machen.

Die Weißen durften auch bei Tage immer heraus, wenn sie wollten, mußten sich aber verwandeln. Viele von ihnen flogen als bunte Vögel, Schmetterlinge oder schneeweiße Tauben umher und brachten Kindern oft kleine Geschenke und den Erwachsenen gute Gedanken. Manchen Betrübten haben sie getröstet, und wer ihre Liebe gewann, war im Leben glücklich und froh. Wenn sie ihn auch nicht reich an Schätzen und Gütern machten – wie andere Unterirdische es vielleicht getan hätten –, so erfüllten sie ihn mit Liedern und Träumen, mit fröhlichem Sinn und bunten Phantasien. Das waren ebenso wertvolle Schätze, die ein Mensch besitzen konnte, und soviel war gewiß, wer unter ihrem Schutz stand, blieb von großem Leid verschont.

Der Köhler und der Unterirdische

Vor vielen Jahren, als in der Stubnitz noch Kohlen gebrannt wurden, war einmal ein Bauer aus Hagen zu seinem Kohlenmeiler unterwegs. Da bemerkte er, daß dicht an seiner Seite ein kleiner Junge lief, der tapfer Schritt hielt. Nach einer Weile war er immer noch da und lief nebenher. Nun wurde es dem Mann zuviel, anscheinend wollte ihn der Kleine zum Narren halten.

Mit schnellem Griff riß er ihm die Mütze vom Kopf. Plötzlich begann der Kleine zu reden und bat ihn flehentlich, ihm seine Mütze zurückzugeben. Er solle dafür auch eine ordentliche Summe Geld erhalten.

Der Kohlenbrenner begriff, daß er es mit einem Unterirdischen zu tun hatte, und gab ihm die Mütze wieder. Nun empfahl der Junge dem Köhler, zum Meiler zu gehen, dort werde er das Versprochene finden. Damit verschwand er.

Der Bauer setzte seinen Weg fort. Als er sein Kohlenwerk erreichte, sah er zwar einen Haufen hölzerner Eggzinken, aber kein Geld. Er sann darüber nach, was er damit anfangen könne, und entschloß sich, die Holzzinken nach Wittow zu bringen und zu verkaufen, um zu dem versprochenen Geld zu kommen. Wittow war seit jeher eine holzarme Gegend, und solche Dinge wurden dort gut bezahlt.

Er eilte nach Hagen zurück, fuhr mit seinem vierspännigen Wagen wieder zum Meiler und begann, die geraden Eggzinken herauszusuchen und aufzuladen, während er die krummen beiseite warf.

Bei seiner Arbeit hörte er eine Stimme aus dem Wald rufen: »Was der Bauer doch dumm ist, das Beste wirft er fort!«

Doch er ließ sich nicht weiter stören, denn auch an den geraden Eggzinken hatte er noch genug, so daß er bald mit voll beladenem Wagen abfahren konnte.

In der Hagenschen Trift ging es nicht weiter. Die Pferde legten sich ins Zeug und zogen mit aller Kraft. Es half nichts, der Bauer mußte einen Teil seiner Last abwerfen. Wie zum Spott vernahm er deutlich neben sich ein lautes Gelächter.

Er hatte eine weitere Strecke des langen Weges nach Wittow hinter sich gebracht, da begannen die Pferde wieder zu keuchen und zu stampfen und bekamen den Wagen nicht eher von der Stelle, als bis der Bauer auch noch den Rest der hölzernen Zinken abgeladen hatte. Wieder hörte er in seiner Enttäuschung das höhnische Lachen des Kobolds in seiner Nähe. Niedergeschlagen kehrte er zur Nachtzeit nach Hagen zurück – mit leerem Wagen.

Am andern Morgen entdeckte er staunend einige goldene Eggzinken, die sich, von ihm unbemerkt, an den Wagenrungen eingeklemmt hatten – nun waren sie aus purem Gold! Was konnte er Besseres tun, als an den Stellen zu suchen, wo er die Zinken am Tag zuvor abgeworfen hatte? Doch alles war vergeblich, von den vielen Zinken konnte er keinen einzigen mehr finden.

Der Dubberworth

Weithin sichtbar liegen die Hügel der Hünengräber. Sie sind mit Büschen und Bäumen bewachsen. Die Großsteingräber aber sind oft im Dickicht versteckt, ihre bemoosten Findlinge von Gestrüpp überwuchert. Jahrtausende gingen über das Land, viele Grabstätten sind verschwunden – eingeebnet, umgepflügt, ihre Steinblöcke gesprengt. Trotzdem erinnern uns noch heute an manchen Orten Rügens eindrucksvolle Grabanlagen an längst vergangene Zeiten.

Hünengräber – schon der Name knüpft an Sagen an, die von Riesen mit gewaltiger Körperkraft erzählen. Wie sonst konnte man verstehen, daß schwere Felsbrocken herbeigebracht, zu Grabkammern zusammengesetzt und mit riesigen Decksteinen versehen wurden?

Aber es waren Menschen wie wir, die in der Steinzeit, vor vier- oder fünftausend Jahren, ihre Verstorbenen auf diese Weise beizusetzen pflegten. Sie gaben ihnen Waffen und Werkzeuge aus Stein mit, Beile und Messer, Lanzen mit feinen, scharfen Spitzen.

Jahrhunderte später, in der Bronzezeit, wurden die Hügelgräber errichtet, häufig an erhöhten Plätzen im Innern der Insel oder auch nahe der Küste, so daß die Toten ihre Heimat, Felder und

Wälder, Land und Meer, vor sich liegen hatten, während die Lebenden beim Anblick der Hügel derer gedachten, die dort ihre letzte Ruhestätte gefunden hatten.

Immer neue Sagen bildeten sich im Laufe der Zeit um die Hünengräber. Sagenhaftes und Geheimnisvolles wurde noch lange erzählt. Ein bunter Sagenkranz windet sich um den Dubberworth – der »gute Berg« –, Rügens größtes Hügelgrab, das auf dem ebenen Landstrich zwischen Lietzow und Sagard weithin zu sehen ist.

Im Dubberworth sollen, wie die Leute früher zu berichten wußten, die Unterirdischen wohnen. Eines Tages kam einer von ihnen nach Saiser zu einem Bauern und kaufte eine ganze Fuhre Getreide mit der Bitte, das Korn zu einer bestimmten Stunde an den Dubberworth zu bringen.

Der Bauer wunderte sich, denn in der Nähe des Hügels war keine menschliche Wohnung zu finden. So fragte er den Kleinen, was das Getreide dort sollte.

Es sei schon ganz richtig, bekam er zur Antwort, und er sollte nur tun, was sie ausgemacht hätten.

Der Bauer fuhr also mit seiner Fuhre bis zum Dubberworth und war nicht wenig erstaunt: Weit offen stand der Hügel! Da kam auch schon der kleine Mann. Er führte ihn mitsamt seinem Wagen ein ganzes Stück in den Berg hinein.

Dort wimmelte es auf einmal von kleinen Leuten. Flinke Hände luden das Getreide ab und packten dem Bauern so viel Gold und Silber auf den Wagen, wie die Pferde nur ziehen konnten.

Dem Bauern gingen die Augen über bei all dem glitzernden, funkelnden Reichtum, und er hatte es eilig, wieder hinauszukommen ins Sonnenlicht. Obwohl alles ganz schnell gegangen war, erschien ihm nun der Weg unendlich weit. Er atmete auf, als er wieder unter freiem Himmel war.

Ob er aber auch alles Gold und Silber aus dem unheimlichen Berg herausgebracht hatte? Er schaute sich um.

Es donnerte und krachte – der Berg schloß sich vor seinen Augen und verschlang den Wagen mit seiner kostbaren Last. Im nächsten Augenblick lag der Dubberworth wieder ruhig da. Nichts verriet, was eben geschehen war.

Traurig stand der Bauer davor und dachte an den verlorenen Schatz. Auf dem Heimweg blieb ihm nur der Trost, daß er sich selbst mit seinen Pferden hatte gerade noch retten können. Mit Schaudern ging ihm durch den Sinn, was wohl geworden wäre, hätte er sich eher umgesehen.

*

Im Dreißigjährigen Krieg wurde die Insel Rügen so verwüstet, daß die Menschen in großes Elend gerieten und in solchem Maße verarmten, daß es auf Rügen fast keine Kühe mehr gab. Da erließ der König von Schweden einen Befehl, nach dem jeder, der noch eine Kuh besaß, sein Tier öffentlich vorweisen sollte, denn er wolle ihm die Hörner vergolden lassen.

Ein Landmann auf Jasmund hielt seine beiden letzten Kühe in einer Höhle nahe am Dubberworth verborgen. Er hörte vom Befehl des Königs, und als er dorthin ging und nach seinen Kühen sah, fand er wirklich eine am Leben. Er brachte sie zurück, und der König ließ ihr – als der einzigen Kuh auf ganz Rügen – die Hörner in Gold fassen.

*

Einige Jahrzehnte darauf waren zwei Bauern einmal in der Nähe des Dubberworths beim Eggen. Bald war die Mittagszeit heran, und als sie am Hünengrab wendeten, stiegen ihnen liebliche Düfte in die Nase. Da meinte der eine: »Du, Nahwer, dat rükt hier so, as wenn de lütten Lüd Middag maken!«

Der andere nickte und fügte hinzu: »Un ick glöw, se hebben Schwiensbraden to Middag.«

Doch sie mußten mit dem angenehmen Bratenduft zufrieden sein und eggten weiter. Kurz danach hielten sie inne, denn am Rande des Hügels standen zwei Teller mit Braten, Kartoffeln und Gemüse. Das kam ihnen gerade recht! Sie zögerten nicht, setzten sich nieder, und jeder nahm sich einen Teller. Vortrefflich schmeckte ihnen das Mahl unter dem blauen Himmel am alten Hünengrab.

Als sie fertig waren, sagte der eine Bauer, indem er an diejenigen dachte, denen sie das gute Essen verdankten: »Wi möten en tom Dank ok wol wat up 'n Teller leggen!« Dabei zog er seinen Geldbeutel hervor und legte ein Zweipfennigstück hin.

Der andere Bauer war jedoch ein undankbarer und boshafter Mensch. Für das Tun seines Nachbarn hatte er nur ein spöttisches Lachen. Am Ende beschmutzte er seinen Teller in übler Manier.

Die Folgen dieses Treibens blieben nicht aus. Hatte der eine Bauer fortan in seinem Leben Glück und kam durch seiner Hände Arbeit auch zu Wohlstand, so erging es dem andern schlecht: Er erkrankte bald, und nach jahrelangem Leiden starb er im Elend.

*

Ein andermal soll ein Gutsherr versucht haben, den mächtigen Hügel des Dubberworths abzutragen, weil er mitten in seinen Feldern lag. Eines Tages begann er die Arbeit mit zwölf vierspännigen Wagen. Die Leute taten, was sie konnten, aber trotz vieler Mühe schien der Hügel nicht kleiner zu werden, und es war ein so schweres Fahren, daß ein Geschirr nach dem andern zerbrach.

Als man dem Gutsherrn diese Kunde brachte, eilte er zornig selbst zum Dubberworth. Hartnäckig bestand er auf seinem Vorhaben, den Hügel aus dem Wege zu räumen, um leichteres Pflügen zu haben, und trieb die Bauern zu noch größeren Anstrengungen an.

Da stockte ihm plötzlich der Atem. Was war das? Auch die Bauern richteten sich erschrocken auf, denn sie vernahmen eine Stimme, die aus dem Innern des Dubberworths zu kommen schien, dumpf und grollend: »Weh euch, ihr Menschen, weh euch! Laßt ab, mich in meiner Ruhe zu stören, sonst seid ihr auf ewig begraben!« Noch ein tiefes Dröhnen und Stöhnen, dann war wieder alles still.

Den Bauern saß der Schreck in den Gliedern, Schaufeln und Hacken waren ihnen entglitten. Scheu sahen sie sich nach ihrem Herrn um, doch der hatte nunmehr seinen Plan aufgegeben und schritt davon. So nahmen sie denn ihre Sachen auf und folgten ihm, nicht ohne einen letzten ängstlichen Blick auf den Hügel zu werfen.

Seitdem hat sich niemand mehr an den Dubberworth herangewagt, und dieses schöne Hünengrab hat wohlbehalten die Jahrhunderte überdauert.

Klaus Störtebeker auf Rügen

Verwegene Gesellen waren sie, Klaus Störtebeker und sein Freund Gödeke Michael. Ihre Namen sind gerade auf der Insel Rügen unvergessen, obwohl die beiden vor fast sechs Jahrhunderten in Hamburg auf dem Richtblock endeten.

»Sieh, Störtebeker und Gödeke Michael, wo wollt ihr hin?« riefen noch vor nicht allzu langer Zeit die Leute den Kindern zu, wenn diese mutterseelenallein auf der Straße unterwegs waren. Weinte ein Kind oder war es ungeduldig oder gar störrisch, dann hieß es: »Wart nur, Störtebeker kommt!«

Er soll ein Bauernsohn aus Ruschwitz auf Jasmund gewesen sein, wo er in jungen Jahren als Knecht diente. Schon damals war Klaus wegen seiner besonderen Körperkraft bekannt. Dazu verfügte er über einen mächtigen Durst, den er kaum jemals zu stillen vermochte. Glaubte er sich unbeobachtet, so nahm er einen tiefen Zug aus der Metkanne seines Herrn, denn das fade Getränk für das Gesinde war ihm zuwider.

Eines Tages ertappte ihn der Gutsherr dabei. Er befahl seinen Leuten, ihn zu ergreifen und ihm eine gehörige Tracht Prügel zu verabreichen, ihn jedoch in Anbetracht seiner gefürchteten Körperkräfte vorher zu fesseln.

Klaus ließ die Prügel über sich ergehen, er zuckte mit keiner Wimper. Dann wurden die Fesseln gelöst. Kaum hatte er Kopf und Füße frei, als er auch schon die schwere Kette mit den Handschellen auseinanderriß, auf seine Peiniger losstürzte und sie damit niederschlug. Gleich lief er zum nahen Strand, sprang in ein Fischerboot und ruderte mit schnellen Schlägen aufs Meer hinaus.

Er hielt auf die Küste von Arkona zu. Dort lag unterhalb des Burgwalls eine fremde Kogge vor Anker, die wohl günstigen Wind abwartete.

Bald hatte er das Schiff erreicht – da sah er eine Schar bewaffneter Krieger an der Bordwand stehen, die ihn drohend anblickten. Trotzdem rief er unerschrocken hinauf: »Braucht ihr einen kräftigen Mann an Bord, dann nehmt mich auf!«

»Wir brauchen keinen unnützen Fresser!« erscholl es aus rauhen Kehlen vom Schiff herab. »Fahr zum Teufel!«

So leicht ließ sich Klaus nicht abweisen. Er versicherte: »Ich will gern an Bord arbeiten und bin auch stark genug!«

Nach einigem Hin und Her wurde eine Strickleiter herabgelassen. Mit einigen Sätzen war er oben. Ein Blick in die Runde der vierschrötigen Gestalten ließ ihn erkennen, daß er auf ein Seeräuberschiff geraten war. Doch ihm sollte es recht sein, wenn er nur herauskam aus der drückenden Enge der Fronarbeit – hinaus aufs weite Meer, sei es auch als Kumpan von Seeräubern!

Gödeke Michael, der Schiffshauptmann, musterte den Neuankömmling und reichte ihm ein großes Hufeisen mit den Worten: »Hier, laß deine Kraft sehen!«

Klaus packte das Eisen fest an und bog es fast mühelos auseinander. Er griff sich noch eine schwere Zinnschüssel, die in der Nähe stand. Im Nu war sie wie eine Pergamentrolle zusammengebogen. Weit ausholend, schleuderte er sie über Bord.

Das Schiffsvolk hatte ihm mit Verwunderung zugesehen. Klaus verspürte jetzt Durst und erbat sich einen Trunk. Gödeke Michael ließ ihm den größten Humpen füllen, den sie hatten, fast so groß wie ein Stiefel war er. Klaus verzog keine Miene. Er setzte den riesigen Humpen an, leerte ihn in einem Zug und bat um einen zweiten und schließlich einen dritten Humpen.

Nun standen die Räuber sprachlos vor Erstaunen. Der Schiffshauptmann trat auf ihn zu. »Bei allen Teufeln«, rief er und versetzte ihm einen derben Schlag auf die Schulter, »das hab ich mein Lebtag nicht gesehen, du kannst wahrhaftig einen Becher stürzen! Ich kann auch saufen wie ein Loch, aber mit dir mithalten, das kann ich nicht. Du sollst bei uns Klaus Störtebeker heißen!« Damit war der Ruschwitzer Bauernjunge in die Gemeinschaft der Seeräuber aufgenommen.

Als es dann gegen die dänischen Kriegskoggen und gegen die Schiffe der reichen Kaufleute an der Ost- und Nordseeküste ging, bewies Klaus Störtebeker so viel Kühnheit und Tapferkeit, daß er bald mit Gödeke Michael zusammen die Seeräuber anführte. Mit der Zeit wurde er zu einem der am meisten gefürchteten Piraten.

An der zerrissenen Küste der Insel Rügen hatte er zahlreiche Schlupfwinkel, wo er sich mit seinen Getreuen nach den Fahrten verborgen hielt und im Laufe der Jahre unermeßliche Schätze an Gold, Silber und Edelsteinen versteckte. Zuweilen lagen seine Schiffe den Winter über in dem kleinen Hafen von Ralswiek oder in der Kemladebucht bei Prosnitz in sicherem Schutz, auch am Zickerschen Höft auf Mönchgut oder unterhalb des Burgwalls von Zudar. Gern weilte er bei seinen Freunden auf der alten Seeräuberburg zu Ralow, mit denen gemeinsam er manches vorübersegelnde Handelsschiff kaperte.

Sein liebstes Versteck waren die Höhlen und Schluchten in den Kreidefelsen der Stubnitz. Dort konnte er von den Höhen am Steilufer das weite Meer am besten überblicken. Wehe den Schiffen der Pfeffersäcke, die sich der Küste näherten – kaum hatte Störtebeker von seinen Spähern Kunde davon bekommen, da bestiegen sie blitzschnell die jederzeit bereitliegenden Schiffe, die sogleich aus den verborgenen Winkeln hervorschossen. Bei Windstille lagen die schwerfälligen Handelsschiffe hilflos da. Bald hatten die Seeräuber sie mit kraftvollen Ruderschlägen erreicht. Wandten sie sich bei günstigem Wind zur Flucht, half auch das nicht viel. Nach kurzer Jagd war ihr Schicksal besiegelt. Hatten aber Störtebeker und seine Schar erst einmal die Bordwand erklommen, ging es hart auf hart. Alle wußten sie, Störtebeker kannte keine Gnade …

Schließlich wurden ihm sogar übernatürliche Kräfte zugeschrieben. Allzu plötzlich tauchte er auf und war, sobald sich Verfolger auf seine Spur setzten, seinen Häschern ebenso schnell wieder entschwunden. Den Pfeffersäcken hatte er für immer blutige Fehde angesagt, den Armen half er mit Geld oder reichlichen Gaben aus seiner Beute.

Einmal kam er mit seinem Freund Gödeke Michael durch das kleine Dorf Hagen in der Stubnitz. Mit trauriger Miene saß ein alter Mann vor der Tür seiner niedrigen Kate. Störtebeker blieb stehen und fragte: »Na, Vadding, wat büst du so trurig?«

Der Alte begann von seiner Not zu erzählen. Er konnte sich kein Holz mehr kaufen, gerade jetzt, wo der Winter bevorstand. Nicht einmal den Hauszins konnte er bezahlen, schon bald sollte er mit seiner Frau auf die Straße gesetzt werden – und was dann? »Kein Geld im Büdel«, schloß er bekümmert, »kein Holt in't Hus, un denn bald kein Dach öwern Kopp mihr!«

Klaus Störtebeker überlegte. »Wart ees«, meinte er endlich, »mit Fürung kann ick di helpen.« Er beschrieb eine Stelle in der Uferschlucht von Stubbenkammer, wo ein Mast lag, den sich der Alte holen sollte. Er müsse aber gleich hingehen, setzte er hinzu, ehe es dunkel sei, und das Holz dann noch sägen.

Der Alte wollte sich bei dem Unbekannten bedanken. Störtebeker wehrte ab und sagte nur: »Nicks tau danken! Ick dau't mihr as giern, wenn ick 'nem armen Minschen helpen kann!« Mit Gödeke Michael, der wortlos dabeigestanden, sich aber sein Teil gedacht hatte, setzte er seinen Weg fort.

Der Mann machte sich mit seiner Frau sofort auf die Suche nach dem Mast und fand ihn richtig an der angegebenen Stelle. Es kostete viel Mühe, den langen Mast bis ins Dorf zu schleppen, der ihnen zudem merkwürdig schwer erschien.

Nun ging es ans Zersägen. Doch was war das? Der Alte hielt inne. Einige Zähne waren aus der Säge herausgebrochen. Im Schnitt sah er etwas blinken. Vorsichtig sägte er weiter, bis das erste Stück zu Boden fiel und dabei eine ganze Reihe goldener Münzen herausrollte. Das also hatte es mit dem schweren Mast auf sich: Er war hohl und mit den herrlichsten Dukaten gefüllt!

Voll Freude holte der Alte seine Frau herbei. Jetzt waren sie von aller Not befreit und hatten genug bis an ihr Lebensende. Immer wieder dachten sie dankbar an den Unbekannten, und wenn die Rede auf ihn kam, meinte die Frau nachdenklich: »Ick glöw man, dat is Klaus Störtebeker wäst!«

*

Ein andermal traf Störtebeker in Hagen eine alte Frau, die vor ihrem Häuschen saß. Sie hatte eine zerschlissene Hose auf den Knien liegen und weinte. Er trat zu ihr heran und fragte, warum sie Kummer hätte.

Die Frau richtete sich auf und sprach: »Ick weit gor nich, wat noch warden sull, dat langt nich hen un nich her. Wi hebben man blots so väl Geld, dat wi uns Mähl inne Supp daun künn. Mien Mann hett man eine Büx, nu hew ick keine Flicken mihr, un nieget Tüg kann ick nich köpen. Wat sull dat blots noch warden?« Leise jammerte sie vor sich hin.

»Töw, töw, ick will di helpen«, tröstete Störtebeker, griff in seine Rocktasche und legte ihr einen schweren Lederbeutel in den Schoß.

Als die Frau das gewahr wurde und erstaunt aufblickte, war der Fremde schon hinter dem Nachbarhaus verschwunden. Sie öffnete den Beutel – lauter blanke Goldstücke fielen heraus! Nun waren auch diese beiden Alten in ihrem ärmlichen Häuschen voll Dankbarkeit für die unerwartete Hilfe aus der Not.

*

Ein ganz anderes Erlebnis hatte einmal der Lotse und Fischer Tietz Dumrath aus Lobbe. Er war eines Nachts bei hellem Mondschein vor der Mönchguter Küste beim Fischen, zwischen Thießow und der Greifswalder Oie.

Da tauchte vor ihm ein großes Schiff auf, es hatte alle Segel gesetzt – seltsam, eben noch hatte er weder Topp noch Takel gesehen. Wie gebannt starrte der Fischer auf die geisterhafte Erscheinung. Schon war das Schiff dicht bei ihm.

»Hierher, Lotse!« dröhnte eine tiefe Stimme von Bord des Seglers. Tietz Dumrath kannte sonst keine Furcht, doch in diesem Augenblick hätte er am liebsten auf die nahe Küste zugehalten. Ein erneuter barscher Befehl »Hierher!« zwang ihn aber, längsseit zu gehen und an Bord zu klettern.

Was waren das nur für unheimliche Gestalten, die sich auf dem Schiff schweigend bewegten? Nun sah er auch den kraftstrotzenden Schiffsführer am Ruder stehen, einen Hünen mit langem Bart. Sollte das – Klaus Störtebeker sein?

Der Bärtige winkte den Lotsen zu sich heran, übergab ihm kurzerhand das Ruder und kommandierte: »Bring uns nach dem Sund!«

Der Lotse wußte, er mußte all seinen Verstand zusammennehmen, damit er das Schiff sicher durch den Greifswalder Bodden mit seinen vielen Untiefen bringen konnte, denn hätte er es auf Grund gesegelt, wäre es um ihn geschehen gewesen. Darin kannte Störtebeker kein Erbarmen, das heißt, wenn er es auch wirklich war …

Tietz hatte keine Zeit zum Nachsinnen. Krampfhaft hielt er das Ruder umklammert und lugte scharf voraus.

Im Osten dämmerte gelbrot der Morgen. Sie waren ein ganzes Stück vorangekommen. Bisher war alles gutgegangen. Jetzt konnte der Lotse die Südspitze vom Zudar ausmachen. Erleichtert atmete er auf, damit hatten sie die Einfahrt in den Strelasund erreicht. Das Schlimmste war überstanden.

Der Schiffsführer trat neben ihn und nahm ihm das Ruder aus der Hand, wobei er ihm kurz zurief: »Geh und schlaf dich aus!«

Tietz Dumrath gehorchte auf der Stelle. Kaum befand er sich unter Deck, als in der Luft ein gewaltiges Sausen und Brausen anhob. Er hörte, wie an Bord jemand schrie: »Kierl, holl aw, wi segeln süst de Nikolaikark in Grunn un Boden!«

Die Bark machte eine scharfe Wendung. Gleich darauf rasselte der Anker in die Tiefe. Schnell ging der Lotse wieder an Deck, da – er wollte seinen Augen nicht trauen – lag die Bark bereits fest verankert im Stralsunder Hafen. Der bärtige Hüne winkte ihm noch einmal zu und entlohnte ihn mit einer Handvoll Dukaten.

Tietz Dumrath war froh, das unheimliche Schiff verlassen zu können. Nach dieser sausenden Fahrt durch den Sund zweifelte er nicht länger: Er hatte wirklich dem berühmten Klaus Störtebeker Lotsendienste geleistet!

*

Noch im Tode sollte sich die außerordentliche Kraft Störtebekers zeigen. Von vielfacher Übermacht bezwungen, wurde er nach Hamburg gebracht. Als er mit seinen Getreuen vor dem Scharfrichter stand, sagten die Hamburger Richter, die von seiner ungewöhnlichen Stärke gehört hatten, sie würden alle seine Gefährten freigeben, an denen er vorbeilaufen könne, nachdem ihm der Kopf abgeschlagen worden sei. Niemand glaubte aber, daß dies möglich wäre, und doch lief

Störtebeker nach seiner Enthauptung noch eine ganze Strecke und erlöste dadurch elf seiner Mitgefangenen.

Nach dem Tode Störtebekers wurden seine Schiffe zum Abbruch verkauft. Es zeigte sich, daß die Mastbäume hohl und mit lauterem Gold gefüllt waren. Noch an manchem Ort auf Rügen, vor allem in den Höhlen und Klüften der Kreidefelsen in der Stubnitz, sollen verborgene Schätze ruhen, die Störtebeker dorthin bringen ließ.

Diese Sagen und andere wissen sich die Menschen auf Rügen bis heute zu erzählen, so tief hat sich in ihrem Gemüt die Erinnerung an die Gestalt des berühmten Seeräubers eingeprägt.

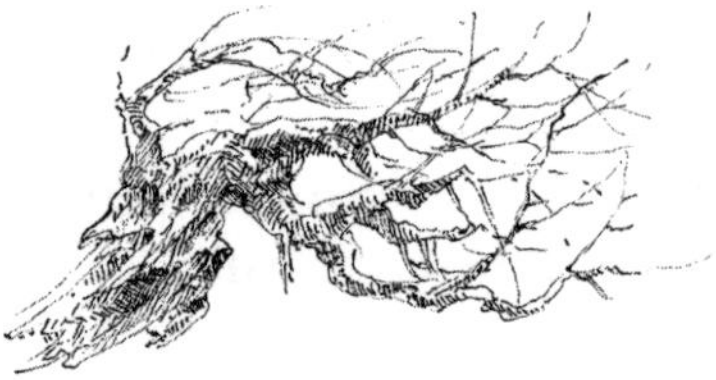

Arkona

Der nördlichste Punkt Rügens ist Gellort. Östlich daneben liegt die Leuchtfeuerstation mit dem alten und dem neuen Leuchtturm. Noch ein Stück weiter, und Kap Arkona ist erreicht. Sturmumbraust und wogenumbrandet ragt das Vorgebirge mit seinen weithin sichtbaren Kreidefelsen hoch auf. Am äußersten Rand erheben sich die Reste eines Befestigungswerkes, der acht bis zwölf Meter hohe Wall der Jaromarsburg.

Sagenhaft mutet heute an, was die Geschichte hier überliefert. Im Volksmund erhielt sich aus alter Zeit vor allem die Erinnerung an glanzvolle Feste in dieser einst weitbekannten Tempelburg, in deren Mitte sich das Heiligtum mit dem acht Meter hohen Standbild Swantewits, des höchsten Slawengottes, befand.

Der Tempel war reich mit Schnitzwerk und Malereien geschmückt. Lange, glänzende Vorhänge trennten den Innenraum von der Vorhalle ab. Dieser Raum war dem Oberpriester vorbehalten. Er allein durfte vor Swantewit hintreten, den riesenhaften Gott mit vier Köpfen und Hälsen. Zwei Gesichter waren nebeneinander nach vorn, zwei nach hinten gerichtet, und jeweils eines davon blickte nach rechts, das andere nach links – Swantewit war allsehend. Er trug ein kostbares, bis auf die Füße herabfallendes Gewand. Im rechten Arm hielt er ein großes, aus verschiedenen Metallen gearbeitetes Horn und stemmte den linken Arm in die Seite. An der Wand hingen Sattel und Zaum des weißen Pferdes, das ihm geweiht war, und gegenüber sein mächtiges Schwert.

Einmal im Jahr, nach der Ernte, kamen alle Inselbewohner in der Burg Arkona zusammen und feierten vor dem Swantewittempel das Opferfest. Nach der Darbringung der Opfertiere begann zum Zeichen der Verehrung des höchsten Gottes das Fest. Der Oberpriester, mit seinem auf die Schultern herabwallenden Haar und dem langen Bart ehrwürdig anzusehen, weissagte an diesem Tag dem versammelten Volk aus dem gefüllten Horn des Gottes. War der Met (Honigwein) vom vergangenen Jahr noch unvermindert darin, so stand ein gesegnetes Jahr bevor. Fehlte dagegen eine Menge davon, dann bedeutete es Mißernte und Not. Nach dieser Prophezeiung goß der Oberpriester den Met als Opfer aus, füllte das Horn wieder, leerte es nun selbst in einem Zug, worauf er es nochmals füllte und dem Gott wieder in die Hand gab.

Dann wurde ein Speiseopfer dargebracht, ein Honigkuchen, so groß und breit wie ein Mensch. Behutsam stellten vier Männer den duftenden Kuchen vor den Oberpriester hin und hielten ihn fest.

»Seht ihr mich?« rief Swantewits Priester hinter dem Kuchen hervor.

Die Versammelten gaben Bescheid. Konnten

sie den Oberpriester noch erblicken – und ragte auch nur seine spitze Mütze hervor –, war der Kuchen zu klein geraten, und es wurde gebetet, damit Swantewit im kommenden Jahr eine reichlichere Ernte gab, so daß der Kuchen für das nächste Erntefest größer gebacken werden konnte.

Auch das heilige weiße Pferd Swantewits diente zu einer Weissagung. Bevor man in den Kampf zog, wurden Lanzen in drei Gruppen mit den Spitzen in die Erde gesteckt. Nach feierlichem Gebet führte der Oberpriester das Pferd am Zügel zu den Lanzen. Überschritt es diese mit dem rechten Fuß zuerst, galt es als günstiges Vorzeichen, und man zog dem Kampf entgegen. Gebrauchte das Pferd aber den linken Fuß vor dem rechten, ließ man von dem Vorhaben ab.

Im Jahre 1168 eroberten die Dänen nach erbittertem Ringen die alte Tempelburg und führten auf Rügen das Christentum ein. Das riesige Standbild Swantewits wurde zerschlagen und verbrannt. Die besiegten Inselbewohner sahen den Fall ihres höchsten Gottes mit an und hofften insgeheim, er werde die Fremden durch Zauberkraft an ihrem Zerstörungswerk hindern und dann wieder seinen Ehrenplatz einnehmen. Nichts dergleichen geschah. Da waren sie vor Entsetzen wie gelähmt und ließen sich ohne Widerstand taufen, zumal ihr Oberhaupt, Fürst Jaromar, ebenfalls den neuen Glauben annahm. Unter ihm vollzog sich Rügens Schicksalswende, und daher trägt die Burg seinen Namen.

Nahe am Steilufer war die einst so gewaltige Burg erbaut. Von den Wellen unterspült, sind jedoch große Teile des Walls und des Burghofs im Laufe der Jahrhunderte in die Tiefe gestürzt. Unaufhaltsam schreitet das Zerstörungswerk weiter voran. Einmal wird dann auch die Burg Swantewits nur noch in der Erinnerung fortleben wie die reiche See- und Handelsstadt Arkona, die hier vorzeiten gelegen haben soll.

Diese Stadt ließ ihre Schiffe über alle Meere des Nordens fahren und trieb Handel mit vielen Ländern. Der Segen des Meeres, der Fischfang, trug zu ihrem Wohlstand bei. Aber Reichtum und Herrlichkeit nahmen ein jähes Ende, als bei einer großen Sturmflut die ganze Stadt versank. Auf dem Grunde des Meeres ruht nun die Stadt Arkona bis auf den heutigen Tag.

Nur zuweilen taucht sie bei nebligem Wetter empor und wird wie eine Fata Morgana über der Meeresoberfläche sichtbar. »Arkona wafelt«, sagen die Leute in der Umgegend dazu.

Manchem soll es schon beschieden gewesen sein, die Stadt auf dem Meeresgrund zu sehen, die prächtigen Häuser und Türme. Andere erzählen, am Ostermorgen höre man die Glocken aus der Tiefe des Meeres herauftönen.

Obwohl die Stadt schon vor vielen Jahrhunderten versank, so kann sie doch, wenn ihre Stunde gekommen ist, wieder erlöst werden. Vor Jahren erfuhr das ein alter Mann aus Glowe.

Als er eines Tages mit seinem Karren am Hochufer entlangfuhr, kam über die See ein Boot mit drei Männern auf ihn zu. Bald war es am Ufer, und einer der Männer rief zu ihm herauf, er solle mitkommen. Er sei es, der die Stadt Arkona erlösen könne, und er solle die Schlüssel der Stadt in Empfang nehmen.

Der Alte winkte jedoch ab und erwiderte, er sei hoch in den Siebzigern und ihm könne es keinen Nutzen bringen, die Stadt zu erlösen.

Da wandte sich das Boot wieder auf das Meer hinaus und war in kurzer Zeit nicht mehr zu sehen. So liegt Arkona noch immer auf dem Grund des Meeres und wartet auf seine Erlösung.

Die Seejungfer auf Wittow

Nicht weit von der Wittower Steilküste wohnte eine Bäuerin in ihrem Häuschen allein. Eines schönen Tages, als die Sonne hell und warm zum Fenster herein schien, besuchte sie eine Seejungfer, ein geheimnisvolles Wesen, das gewöhnlich im Wasser lebt und sich nur hin und wieder auf dem Strand sehen läßt. Oben ist die Seejungfer wie ein Mensch, unten wie ein Fisch und dazu ganz nackt.

Die Bäuerin reihte gerade Flachs zum Rösten auf, als die Seejungfer hereinkam. Die aber kannte keinen Flachs und fing gleich an zu fragen, wie es neugierige Frauen zu tun pflegen. Es sei Flachs, antwortete die Bäuerin, und daraus würden Hemden gemacht.

Seejungfer: »Is et denn 'n Hemd, wenn de Flaß uptreckt is?«
Bäuerin: »Ne, denn möt he irst röst't warden.«
Seejungfer: »Un is et denn 'n Hemd?«
Bäuerin: »Ne, denn ward he irst drögt.«
Seejungfer: »Un denn 'n Hemd?«
Bäuerin: »Ne, denn kümmt he in'n Backaben un ward beizt.«
Seejungfer: »Un denn 'n Hemd?«
Bäuerin: »Ne, denn ward he brakt.«
Seejungfer: »Un denn 'n Hemd?«

Bäuerin: »Ne, denn ward he schwungen.«
Seejungfer: »Un denn 'n Hemd?«
Bäuerin: »Ne, denn ward he häkelt.«
Seejungfer: »Un denn 'n Hemd?«
Bäuerin: »Ne, denn ward he spunn'.«
Seejungfer: »Un denn 'n Hemd?«
Bäuerin: »Ne, denn ward he wunn'.«
Seejungfer: »Un denn 'n Hemd?«
Bäuerin: »Ne, denn ward he wewt.«
Seejungfer: »Un denn 'n Hemd?«
Bäuerin: »Ne, denn ward he bleekt.«
Seejungfer: »Un denn 'n Hemd?«
Bäuerin: »Ne, denn ward he intweischneeden.«
Seejungfer: »Un denn 'n Hemd?«
Bäuerin: »Ne, denn ward he tosamneigt.«
Seejungfer: »Un denn 'n Hemd?«
Bäuerin: »Ja, denn is dat 'n Hemd.«
Seejungfer: »Na, denn will ick doch leewer so nakt blieben as ick bün un nie un nimmer 'n Hemd drägen.«

Damit ging die Seejungfer wieder ins Wasser und war augenblicklich verschwunden.

Der letzte Gruß

Fischer Ewert stand vor der Tür seines kleinen Hauses in Vitt bei Arkona und blickte voll Sorge über die See.

Schwarze Wolkenballen zogen herauf. Sie wurden vom Nordoststurm über das herbstliche Rügen gejagt, und der Regen stürzte in Strömen hernieder. Der Sturm riß das Meer auf, als wollte er es in Fetzen ans Land werfen. Graue Wassermassen liefen wie lebende Mauern gegen die Küste an, ihre Zinnen zersprühten, Welle auf Welle zerschellte am Ufer.

Wenn es so die Nacht über blieb, dachte Fischer Ewert, dann konnte niemand den Schiffen helfen, die an diesen Strand gerieten; ihr Schicksal war besiegelt.

Früher als sonst wurde es dunkel. Der Fischer und seine Frau gingen zur Ruhe, doch sie wurden immer wieder hochgerissen. Jeder stärkere Sturmstoß jagte den Regen an die Scheiben und pfiff durch die Fugen der Haustür. Zu sehen war nichts mehr. Sie hörten, wie das Unwetter bis Mitternacht noch wuchs, dann blieb es gleichmäßig.

Gegen drei Uhr fuhr die Frau aus dem unruhigen Schlaf und rief: »Wat is dat?« Es rüttelte vernehmlich an der Haustür.

Der Mann richtete sich auf und horchte. »Dat is de Storm, Fru«, sagte er dann. »Schlap du man.«

Der Nordost heulte, der Regen strömte. Da war es wieder – ein heftiges, ungeduldiges Rütteln an der Haustür. Dann hörte es sich an, als ginge jemand in schweren, nassen Fischerstiefeln am Haus entlang, verweilte einen Augenblick vor dem Stubenfenster – doch zu sehen war nichts –, ging schweren Schrittes zur Haustür zurück, rüttelte wieder, und diesmal war es deutlich durch das Wetterwehen zu hören.

Ewert sprang auf und öffnete die Haustür. Der Regen schlug ihm ins Gesicht. Er trat hinaus, blickte nach rechts und links – nichts! Der Wind zerrte an seinem schnell übergeworfenen Mantel. Von unten herauf brüllte und schrie die See, aber keine Menschenseele war in der Nähe. Wollte man ihn zum besten halten? Ärgerlich ging er ins Haus zurück, schloß zu und legte sich ins Bett. Als seine Frau fragte, ob er etwas gesehen habe, verneinte er kurz und drehte sich auf die andere Seite. Aber er konnte keinen Schlaf finden, er hatte doch alles genau gehört! Auch seine Frau lag still und lauschte ängstlich in die Nacht hinein.

Ein starker Windstoß – da rüttelte es von neuem. Dann wiederholte sich alles. Jetzt gab es keine Täuschung mehr. Fischer Ewert war noch schneller als zuvor auf den Beinen. Als er an der Tür niemand sehen konnte, ging er um das ganze Haus – umsonst. Völlig durchnäßt ließ er schließlich vom Suchen ab. Seiner Frau, die ihn zitternd erwartete, sagte er gar nichts und legte sich hin. Das Unwetter ließ etwas nach. Nun schliefen beide bis in den hellen Morgen.

Am andern Tag fand man die Trümmer eines Fischerbootes, Planken, einen zerbrochenen Mast, Taue, und mit zerschlagenen Gliedern und zerschundenem Gesicht lag ein toter Fischer auf dem Strand, von den Wellen umspült. Die Frau des Fischers Ewert erblickte ihn – ein Aufschrei: »Min Brauder!«

Gegen drei Uhr nachts war das Boot gestrandet. Der Fischer, ein guter Schwimmer, mochte wohl eine Stunde mit der Brandung gerungen haben. Seine Gedanken waren als letzter Gruß zu den Verwandten geeilt.

Schloß Juliusruh

Vor vielen Jahren stand in einem weiten Park bei Breege das Schloß Juliusruh. Es ist längst verschwunden, den schönen alten Park aber kann man noch heute durchwandern. Schattige Lindenalleen führen an reizvoll angelegten Hügeln vorüber, die einst zierliche Pavillons trugen. Vom »Kieköver«, einem Pavillon am Südende der östlichen Lindenallee, bot sich zu jener Zeit ein herrlicher Blick über die Landschaft am Großen Jasmunder Bodden. Mitten im Park, in der Nähe des Schlosses, lag ein geheimnisvoller, unergründlich tiefer Weiher, umgeben von einem Wall mit alten Bäumen.

Von hier aus zog einmal ein junger Edelmann in die weite Ferne. Im Süden, dort, wo die Sonne glühend scheint, verliebte er sich in die Frau eines indischen Fürsten. In blutigem Zweikampf fiel der Inder, und es blieb ihm nur, im Tode den Mörder zu verfluchen. Dieser aber belud sein Schiff mit reichen Schätzen und segelte mit seiner Geliebten in ein anderes Land. Doch er konnte nicht glücklich werden, der Fluch lastete zu schwer auf ihm. Eines Tages verließ er seine indische Frau und erreichte nach langer Seefahrt die heimatliche Ostseeküste. Dort hoffte er zu vergessen.

Im öden Dünenland bei Breege schuf er in emsiger Arbeit einen wunderschönen Garten. Bald wuchsen dort viele Bäume, und auf den Teichen schwammen stolze Schwäne. Aus fernem Land ließ er Orangenbäume kommen, die – in einem künstlich geschaffenen Tal vor den kalten Stürmen geschützt – gut gediehen. Nun entstanden in dem weitläufigen Garten ein stattliches Schloß und andere Bauwerke.

Da glaubte der Mann endlich Ruhe finden zu können, denn ein neues Liebesglück erblühte ihm. Er führte ein junges, schönes Weib in sein Schloß. Doch sein Glück währte nicht lange. Nachts hörte er das schaurige Geschrei der schwarzen Totenvögel, die sich in den Schloßtürmen eingenistet hatten. Ruhelos wälzte er sich auf seinem Lager, bis er eines Nachts aufstand und den Dolch, mit dem er den Inder getötet hatte, in einem Blumenbeet verbarg.

Am Morgen darauf trieb ihn die Unruhe hinaus. Er stand auf der Düne, noch ehe die Sonne aufging, und sein Blick schweifte über das weite Meer. Da sah er ein Schiff mit fremden Segeln nahen. Zu seinem Entsetzen erkannte er an den Masten die Farben Indiens – – –

Schon geht das Schiff vor Anker, ein Boot wird klargemacht, eine Gestalt steigt hinein. Wie erstarrt steht der Schloßherr auf der Düne. Das Boot nähert sich schnell – er erbleicht und hebt abwehrend die Hände. In dem Boot steht sein indisches Weib, dunkel und fremdartig schön, heiße Liebe in den schwarzen Augen, die Hände

bittend, beschwörend zu ihm erhoben. Der Mann weicht zurück, wendet sich zur Flucht, doch die Frau folgt ihm durch den Dünenwald. Im Park, wo ringsum weiße Lilien blühen, holt sie ihn ein und tritt ihm mit ausgebreiteten Armen entgegen, um ihn zu umfangen. In jähem Zorn zieht er den Dolch aus der Erde und zückt ihn gegen das Weib. Entsetzt weicht die Inderin zurück und verschwindet, einen Fluch murmelnd, im Morgenschatten, als gerade die Sonne blutrot aus dem Meer aufsteigt.

Sorgenvoll und bangend sitzt der Schloßherr dann bei seiner jungen Frau, der er alles gebeichtet hat. Gemeinsam gehen sie zur Düne und blicken auf die Meeresbucht hinaus, wo noch immer das fremde Schiff ankert.

Gegen Abend ballen sich die Wolken über dem Ostmeer zusammen, ein gewaltiger Sturm bricht los. Er steigert sich, und in der Nacht rollt die See donnernd gegen die Dünen. Der Schloßherr und seine Frau hören das Toben des Meeres. Ihn als kundigen Seefahrer zieht es sonst an den Strand, doch hält ihn jetzt die Ahnung drohenden Unheils zurück.

Dröhnend pocht es an das Schloßportal. Einige Schiffer stehen draußen und rufen nach dem Herrn. Er möge kommen, ein Schiff sei gestrandet und befinde sich in höchster Not. Sie wollen versuchen, die Schiffbrüchigen zu retten.

Die junge Frau bangt um das Leben ihres Gemahls, aber sie kann ihn nicht halten, als er ihr die Hand zum Abschied reicht. Mit den Fischern eilt er durch den Sturm zum Strand, um ein Rettungsboot klarzumachen. Doch es scheint unmöglich, bis zum sinkenden Schiff vorzudringen, sosehr sich die Männer auch abmühen.

Schon werden Trümmer des Wracks von den Wellenbergen auf den Strand geschleudert. Ein letzter Versuch, kühn bohrt sich das Boot durch das tobende Meer. Da ragt dicht vor ihm der Bug des hilflos in den Wellen treibenden Schiffes auf. Eine Gestalt klammert sich an den schwankenden Mast. Nun trifft sie der Schein der Sturmfackel, der Schloßherr erkennt sie – die Inderin! Sofort wirft er ein Seil aus dem Boot über das Wrack und ruft: »Schlinge dich fest und laß dich herab!«

»Nur wenn du mich noch liebst!« gellt es durch das Brausen des Sturms zurück.

Gefährlich stößt das Wrack gegen das auf den Wellen tanzende Boot. Noch immer hält der Mann das Rettungsseil, er vermag die entscheidende Antwort nicht zu geben. Hoch richtet sich die Fremde auf und stürzt sich jenseits in die Tiefe. Fassungslos verfolgen die Männer die Tat der Verzweifelten. Dann wenden sie das Boot gegen den Strand.

Inzwischen wandelt die junge Schloßherrin unruhig im Park umher. Erschöpft läßt sie sich auf einer Bank am Weiher nieder. Plötzlich dringt vor ihr ein Rollen und Rauschen wie Meeresbrandung aus dem tiefen Grund. Im Wasser erscheint eine Frauengestalt. Da vergehen der vor Schreck Erstarrten die Sinne, und sie wird hinabgezogen in den Teich. Gerade als der Schloßherr vorübereilen will, sieht er seine junge Frau versinken. Müde und völlig gebrochen wankt er ins Schloß.

Am nächsten Tag hatte sich das Meer beruhigt. Nur die Trümmer des fremden Schiffes auf dem Strand erinnerten an die furchtbaren Ereignisse in der Nacht. Auch das Rettungsboot lag noch dort.

Da kam der Schloßherr von den Dünen herab, ging auf das Boot zu, brachte es zu Wasser und fuhr in die endlose Weite hinaus. Er wurde nie wieder gesehen.

Verödet lag der Park, das Schloß verfiel. Nur die Sage erzählt, was hier einst geschah.

Das Silberglöckchen

Es ist noch nicht sehr lange her, da erzählten die Leute auf Rügen die Geschichte von Fritz Schlagenteufel, der einmal ein armer Hütejunge gewesen war, später aber eine große Herde der besten Schafe sein eigen nannte. Und es heißt, ein Unterirdischer habe ihm zu Glück und Wohlstand verholfen.

Eines Tages war Fritz mit seiner Herde auf der grünen Heide bei Patzig. Es war früh am Morgen, und er hatte gerade die Hügel der Hünengräber erreicht.

Auf einmal sah er etwas im Grase schimmern, und als er es aufhob, hielt er ein silbernes Glöckchen in der Hand, das einen feinen Klang hatte. Voll Freude steckte er das Glöckchen in die Tasche und zog mit seinen Schafen weiter.

Fritz hatte aber etwas Kostbares gefunden: das Glöckchen von der Mütze eines kleinen Braunen, eines dieser Zwerge, die in den Hügeln wohnten. Der hatte es wohl beim Tanz verloren und nicht gleich bemerkt, daß es an dem Mützchen nicht mehr klingelte.

Aber es ist das Schlimmste, was den Unterirdischen geschehen kann, wenn sie ihre Mütze verlieren oder einen Schuh. Auch das Glöckchen von der Mütze oder die Spange vom Gürtel zu verlieren ist für sie sehr betrüblich. Wer das Glöckchen verliert, kann nicht mehr schlafen, bis er es zurückbekommt.

Der kleine Braune konnte nun keine Ruhe finden. Er spürte überall umher, aber wie sollte er erfahren, wer das Glöcklein hatte?

Er verwandelte sich in allerlei Gestalten, in Vögel und andere Tiere. Er ging auch unter die Menschen und forschte nach seinem Glöckchen, doch nicht die kleinste Spur konnte er entdecken.

Es war aber so, daß der Schäferjunge schon am nächsten Tag, nachdem er das Glöckchen gefunden hatte, von Patzig weggezogen war und jetzt in Unrow bei Gingst die Schafe hütete.

Inzwischen kam dem Zwerg der Einfall, ein Rabe, eine Dohle oder eine Elster könnte das Glöckchen gefunden und ins Nest getragen haben. Da verwandelte er sich in einen Vogel mit buntem Gefieder und flog die Nester auf der ganzen Insel ab. Er fragte die Vögel, ob sie ihm verraten könnten, wer ein Glöckchen gefunden habe, aber die Vögel konnten ihm nicht helfen.

Als er nun des Abends über das Wasser flog und dann von Ralow her über das Unrower Feld hin, hütete dort der Schäferjunge Fritz Schlagenteufel die Herde. Einige Schafe hatten tönerne Glocken am Hals und klingelten, wenn der Junge sie von seinem Hund zusammentreiben ließ.

Das Vöglein, das über sie hinflog, dachte dabei an sein Glöckchen und sang traurig vor sich hin:

»Glöckelein, Glöckelein,
Böckelein, Böckelein,
Schäflein, auch du,
Trägst du mein Klingeli,
Bist du das reichste Vieh,
Trägst meine Ruh.«

Der Junge horchte auf bei diesem seltsamen Gesang, der aus den Lüften kam, und sah den hübschen bunten Vogel.

Er dachte bei sich: Oh, wer den Vogel hätte! Der singt ja wie ein Menschenkind! Was mag er mit seinem wunderlichen Gesang nur meinen? Am Ende ist er gar ein kleiner Hexenmeister? Meine Böcke haben nur tönerne Glocken, und er nennt sie reiches Vieh. Aber ich habe ein silbernes Glöckchen! Dabei fing er an, in der Tasche zu suchen, holte das Glöckchen heraus und ließ es klingen.

Der Vogel in der Luft hörte sogleich, was es war, und freute sich über die Maßen. Geschwind flog er hinter den nächsten Busch, setzte sich nieder, zog sein buntes Federkleid aus und verwandelte sich in ein altes Weiblein.

Der Schäferjunge klingelte noch immer mit seinem Glöckchen und wunderte sich, daß der schöne bunte Vogel so schnell fortgeflogen war. Da humpelte eine alte Frau quer über das Feld auf ihn zu. Sie räusperte sich und hustete aus hohler Brust. Dann aber bot sie ihm freundlich einen guten Abend und fragte nach der Straße, die nach der Stadt Bergen führte.

»Ach, welch niedliches Glöckchen!« rief sie aus und tat, als erblicke sie das silberne Glöckchen in der Hand des Schäferbuben erst jetzt. »Hab ich doch in meinem Leben nichts Feineres gesehen! – Höre, mein Söhnchen, willst du es mir nicht verkaufen? Ich habe ein Enkelkind, das würde sich von Herzen freuen über so ein Spielzeug.«

»Nein, das Glöckchen wird nicht verkauft!« antwortete der Schäferjunge kurz und bestimmt. Er fuhr dann fort: »So etwas gibt es in der ganzen Welt nicht wieder. Wenn ich nur damit klingele, so laufen meine Schafe von selbst, wohin ich sie haben will. Was für einen lieblichen Ton es hat, hör mal, Mutter!« Er ließ es vor ihren Ohren erklingen. »Mit diesem Glöckchen habe ich keine Langeweile mehr, denn damit kann ich mir die längste Zeit wegklingeln, daß sie in einem Hui fort ist!«

Die alte Frau dachte: Wollen sehen, ob er es mir für blanke Taler gibt.

Sie hielt ihm Silber hin, wohl drei Taler. Aber er sagte nur: »Ich verkaufe das Glöcklein nicht!«

Nun versuchte sie es mit fünf Dukaten. Doch er blieb dabei.

Sie hielt ihm eine ganze Handvoll Dukaten hin, aber er lehnte zum drittenmal ab und sagte nur: »Gold klingt nicht so schön wie mein Glöcklein.«

Da lenkte die Alte das Gespräch auf etwas anderes. Sie lockte ihn mit geheimen Künsten und Besprechungen, wodurch seine Schafe gut gedeihen könnten, und erzählte ihm allerlei Wunder davon.

Er hörte gespannt zu, um mehr davon zu erfahren. Schließlich sagte sie zu ihm: »Höre, mein Junge, gib mir das Glöckchen. Sieh her, hier habe ich noch etwas für dich!«

Sie zeigte ihm einen weißen Schäferstab, an dem mancherlei kunstvolles Schnitzwerk zu sehen war, und sprach: »Diesen Stab will ich dir für das Glöckchen geben. Solange du die Schafe damit hütest, werden sie wohl gedeihen, und du wirst ein vortrefflicher Schäfer werden. Deine Tiere werden immer vier Wochen früher fett sein als die anderen, und jedes deiner Schafe wird zwei Pfund Wolle mehr tragen als die Tiere aller anderen Schäfer.«

Die alte Frau reichte ihm den Hütestab mit einer eindringlichen Gebärde und lächelte so geheimnisvoll dazu, daß der Junge ganz in ihrer Gewalt war. Gierig griff er nach dem Stock, gab ihr die Hand und stieß hervor: »Das Glöckchen ist dein für den Stab!«

Sie nahm das Glöckchen und fuhr wie ein leichter Wind über das Feld und die Heide hin. Er sah sie verschwinden und wie in einem Nebel zerfließen.

Der kleine Braune hatte Fritz Schlagenteufel nun das Glöckchen in der Verkleidung der alten Frau abgeschwatzt, doch betrogen hatte er ihn nicht. Denn die Unterirdischen dürfen nicht lügen, sie müssen das Wort halten, das sie gegeben haben. Wenn sie einmal lügen, werden sie sofort in garstige Tiere verwandelt, in Kröten, Schlangen, Luchse oder Affen, und müssen in Abscheu und Schmach herumkriechen und herumstreichen, und davor fürchten sie sich.

Der Schäferjunge versuchte nun den neuen Schäferstab und gab genau auf seine Tiere acht. Bald merkte er, daß das alte Weib die Wahrheit gesagt hatte. Seine Herde und seiner Hände Arbeit gerieten ihm zum besten, und er hatte ein besonderes Glück mit den Schafen, so daß ihn alle Schäfermeister begehrten.

Er blieb aber nicht mehr lange Hütejunge, sondern schaffte sich, noch ehe er achtzehn Jahre alt war, eine eigene Schafherde an und wurde bald der beste Schäfer auf ganz Rügen. Er hatte die größte Herde, und seine Schafe waren begehrt, weil sie schön fett waren und die meiste und beste Wolle trugen.

Der Mägdesprung vom Rugard

Es war vor vielen Jahren an einem warmen, sonnigen Sommertag. Die waldigen Höhen des Rugards lagen im tiefsten Frieden, und nur das Läuten von der nahen Kirche in Bergen klang herüber, sonst war alles still. Auch die Schafherde, die am Abhang graste, störte nicht das friedliche Bild.

Die junge Schäferin stieg langsam höher hinauf und ging, leise ein Lied vor sich hin singend, auf einen großen Stein zu, der über den Abhang ragte.

»Ach, wie schön, wie wunderschön!« rief sie, als sie ihn erreicht hatte und sich umsah. Vor ihr dehnte sich das weite rügensche Land: Felder und Wälder, Hügel, Seen und Bodden – alles lag vor ihr ausgebreitet, und ganz in der Ferne schimmerte das Meer.

Das herrliche Bild hielt sie eine Weile gefangen, sie konnte sich kaum satt sehen. Immer wieder wanderte ihr Blick auch dorthin, wo ihr Heimatdorf lag, wo weißgetünchte Häuser mit hohen Rohrdächern zu ihr herübergrüßten. Mit Freude und Sehnsucht dachte sie dabei an den Abend, denn ihr Liebster, ein junger, tüchtiger Bauernsohn, der ihr die Treue versprochen hatte, wollte sie an der Dorflinde erwarten.

Das Mädchen ließ sich im weichen Moos dicht am Stein nieder.

Sie fühlte, der Weg in der Mittagswärme hatte sie ermüdet. Hin und wieder sah sie nach den Tieren, die ruhig weitergrasten oder in der Sonne lagen.

Bald fielen der Schäferin die Augen zu.

Mit einemmal fuhr sie aus dem Schlaf. Hufschlag hatte sie geweckt. Verwirrt strich sie sich über die Stirn, immer deutlicher war Pochen von Pferdehufen zu hören. Da sah sie auf dem Weg, der von Stedar kommt und dicht am Rugard vorbei nach Bergen führt, eine Schar Reiter, einen Junker, begleitet von seinen Knechten.

Nun hatte auch der Junker die hübsche Schäferin gesehen und hielt an.

Das Mädchen spürte Furcht, als der begehrliche Blick des Herrn auf sie gefallen war. Sollte sie fliehen? Doch sie dachte an ihre Herde. Nein, sie konnte die Tiere nicht im Stich lassen!

Der Junker hatte den Knechten bedeutet, vorauszureiten. Er lenkte sein Pferd zu dem Mädchen hin, sprang ab und schritt rasch auf sie zu.

Schnell war die Schäferin aufgestanden, denn nun war kein Zweifel mehr, er hatte Böses im Sinn. Ein verzweifelter Blick zeigte ihr, daß sie ihm ausgeliefert war: Er versperrte ihr den Ausweg, und vor ihr lag nur der Abgrund. So wich sie bis zum äußersten Rand des großen Steines zurück und setzte sich gegen den Unhold zur Wehr, der sie nun zu ergreifen versuchte und mit hastigen Worten bestürmte. Als er sie festzuhalten drohte, riß sie sich mit letzter Kraft los und sprang mit einem Aufschrei hinunter ins Tal.

Zornig stand der Junker am Stein und holte in seiner Wut mit der Reitgerte zu einem heftigen Schlag aus, der den Stein mit voller Wucht traf. Sogleich aber erschien auf dem Felsblock die Spur des Peitschenschlages, und daneben wurde der Abdruck des Fußes sichtbar, mit dem das Mädchen bei ihrem Sprung in die Tiefe den Stein berührt hatte.

Der Junker starrte auf diese Erscheinung. Sein Zorn war verflogen, und er spürte ein heimliches Grauen. Gewaltsam riß er sich los, wandte sich zu seinem Pferd und ritt eilig davon.

Wie durch ein Wunder war das Mädchen unverletzt im Tal angekommen und hatte sich im Unterholz des nahen Waldes verborgen. Erst nach geraumer Zeit, als alles still blieb, wagte sie sich hervor. Sie konnte es kaum fassen, daß sie ihrem Peiniger auf wunderbare Weise entronnen war.

Bald fand die Schäferin ihre Herde wieder und zog weiter. Sie warf einen letzten, angsterfüllten Blick hinauf zum großen Stein. Aus ihrer Not war sie gerettet worden, aber nie wieder würde sie diese umheimliche Stätte betreten!

*

Noch heute liegt der Sagenstein am Stedarer Weg, nicht weit von den Hügeln des Rugards, und hält die Erinnerung an den Mägdesprung wach.

Zwei Glockensagen

Der Landweg von Bergen nach Patzig führt am Nonnensee vorüber. Dieser kleine verwunschene See liegt heute inmitten sumpfiger Wiesen wie vergessen da. Doch vor einigen hundert Jahren erhob sich hier auf ebenem, festem Land ein Nonnenkloster.

Weit und breit war der Reichtum der Nonnen bekannt, und man wußte zu berichten, daß alle ihre Geräte aus lauterem Gold verfertigt waren. Die Nonnen waren jedoch sehr geizig, und nie hatte ein müder Wanderer, der des Weges zog und bei ihnen vorsprach, etwas bekommen.

Allmählich machte sie das Wohlleben immer übermütiger, ja, eines Tages verfielen sie sogar darauf, große Mengen des damals noch sehr teuren Salzes auf die Erde zu schütten, um im Sommer Schlitten fahren zu können. Das war ein ganz neues Vergnügen! Weithin waren ihr Übermut und ihre Ausgelassenheit zu hören.

Doch dieses frevelhafte Tun der Nonnen nahm ein schreckliches Ende, denn an einem Pfingstsonntag sank das Kloster plötzlich in die Tiefe. An derselben Stelle bildete sich ein See, der die ganze Umgebung des früheren Klosters überflutete. Man hörte nur zuweilen, besonders am Pfingstmorgen, klagende Stimmen und Glockengeläut aus der Tiefe des Nonnensees heraufönen.

Als dort einmal einige Männer aus Patzig fischten, entdeckten sie auf dem Grunde des Sees eine gewaltige große Glocke. Sie beratschlagten im Dorf, was zu tun sei, und als sie sich einig waren, kamen sie wieder, befestigten starke Seile an der Glocke und spannten ihre Pferde an, sechs, acht, ja sogar zehn Pferde. Aber so sehr sie die Tiere auch antrieben, die Glocke regte und bewegte sich nicht.

Da spannte ein Mann statt der Pferde seine Ochsen an, und wirklich konnte er auf diese Weise die Glocke aus dem See ziehen. Sie wurde nach Patzig gebracht und im Kirchturm aufgehängt. Dort gibt sie noch immer Kunde vom versunkenen Kloster.

*

In der Stadt Bergen lebte einmal ein Glockengießer. Er war ein rechtschaffener Mensch, doch seit einiger Zeit wollte ihm kein Werk mehr gelingen. Wie er es auch anfing, seine Glocken zersprangen oder klangen dumpf und hohl, so daß er schier verzagte. Immer häufiger geschah es, daß er seine Werkstatt verließ und ruhelos im nahen Wald umherwanderte.

Da machte sich eines Tages in seiner Abwesenheit der Lehrbursche, der oft untätig sein mußte, an die Arbeit. Alle Handgriffe waren ihm schon vertraut, und als der Meister wiederkam und die Form abbrach, fand er zu seinem Erstaunen eine

Glocke ohne jeglichen Fehl und Makel und dazu mit besonderem Klang.

Doch der Meister, verbittert über sein eigenes Mißgeschick, konnte sich nicht über den gut geratenen Glockenguß freuen, nur Neid und Groll regten sich in ihm. Mit einem Wutschrei packte er seinen Lehrjungen und erstach ihn. Die Leiche vergrub er im Stall unter dem Schweinekoben. Dort würde, so glaubte er, niemand suchen.

Hocherfreut nahmen die Bürger der Stadt die Glocke in Empfang und händigten dem Meister eine ansehnliche Summe Geld dafür aus. Wie verwundert waren sie, als die Glocke zum erstenmal geläutet wurde! Deutlich vernahmen sie im Schwingen der Töne ein dumpfes Raunen:

»Schade, schade,
dat de Jung dot is!
Schade, schade,
dat de Jung dot is!«

Bald liefen die Leute aus den Häusern auf dem Marktplatz zusammen und rieten hin und her, was die sonderbaren klagenden Glockentöne bedeuten sollten, die sie immer wieder hörten.

Als sie schon ganz ratlos waren und lauschend dastanden, konnten sie noch mehr Worte verstehen. Es war, als wollte die Glocke ihnen einen Fingerzeig geben:

»Schade, schade,
dat de Jung dot is!
He liggt begrawen
unnern Swinskawen!«

Endlich kam einer auf den Lehrjungen des Glockengießers, den sie schon seit Tagen nicht mehr gesehen hatten. Sogleich machten sich einige handfeste Männer auf. Sie gruben im Schweinestall nach und fanden bald den Leichnam des armen Jungen. Nun konnte der Meister nicht mehr leugnen. Er gestand die Mordtat, und sein Haupt fiel unter des Henkers Beil.

Der Schwarze See in der Granitz

In der Granitz, zwischen dem Jagdschloß und Sellin, liegt in stiller Waldeinsamkeit der Schwarze See. Vor vielen hundert Jahren soll in diesem See ein prächtiges Schloß mit all seinen Bewohnern versunken sein. Nur der Schloßherr kam mit dem Leben davon, denn er war, als dies geschah, gerade auf der Jagd.

Bei seiner Rückkehr fand er das Schloß nicht mehr vor. An derselben Stelle hatte sich ein See gebildet. Ratlos stand er am Ufer und dachte an all seinen Besitz, der doch nur im See versunken sein konnte.

Da fiel sein Blick auf einen Stuhl, der auf dem See in der Nähe des Ufers schwamm, und als er genauer hinsah, entdeckte er auf dem Stuhl seine Handschuhe, die er beim Aufbruch zur Jagd im Schloß vergessen hatte. Gleich lief er zu der Stelle des Ufers und ergriff die Handschuhe. Kaum hatte er sie fortgenommen, als auch der Stuhl im Wasser verschwand. Noch lange stand der Schloßherr am einsamen Waldsee, doch nichts zeigte sich mehr von seinem Besitztum. So ging er schließlich traurig von dannen. Hätte er statt der Handschuhe den Stuhl ergriffen – das ganze Schloß mit all seinen Bewohnern wäre wieder an die Oberfläche gekommen!

Doch es heißt, auch jetzt könne das Schloß noch erlöst werden. Einmal im Jahr, an dem Tag, da es versank, erscheint es wieder an der Oberfläche des Sees. Wer es erblickt, muß mutig über das Wasser schreiten und in das Schloß eintreten, dann ist es erlöst. Das Wasser hat an diesem Tage die Kraft, den zu tragen, der den See betritt. Wer wird wohl dieser Glückliche sein?

In dem versunkenen Schloß aber geht das Leben weiter, und in der Neujahrsnacht kann man gar den Jubel der Schloßbewohner aus dem Wasser so laut heraufschallen hören, daß der ganze Wald davon widerhallt.

*

Auch sonst soll es an dem abgeschiedenen See im Waldesdunkel nicht geheuer sein, und allerlei Spukgestalten treiben ihr Wesen. Das mußte einmal ein Bauer erfahren, der davon bereits gehört hatte und dennoch immer wieder auf dem Schwarzen See fischte, weil die Ausbeute recht gut war.

Eines Morgens fand er sein Boot nicht mehr vor. Er wußte sich keinen Rat, denn er hatte es am Abend zuvor ans Ufer gezogen und dort liegengelassen. Wo konnte es sein? Er sah sich am Ufer um. Hatte ihm etwa jemand einen Schabernack gespielt?

Als er zufällig nach oben blickte – ja, war denn das möglich, wie konnte sein Boot auf den Baum, auf die hohe Buche gelangen?

»Wecker olle Düwel hett blots den Kahn up den Boom schafft?« stieß er halb erstaunt, halb unwillig hervor, denn es würde kein kleines Stück Arbeit sein, das Boot von dort oben wieder herunterzubringen.

Doch noch mehr wunderte er sich, als nun ganz in der Nähe ein Hohngelächter erscholl und ihm eine tiefe Stimme zurief: »Haha, dat hett de Düwel nich dan, dat hebben ick un min Brauder Dick dan. De een tog un de anner schof, un so kreegen wi beid dat dor herup.«

*

Auch Fischer Klatt aus Baabe hatte schon manchen guten Fang aus dem Schwarzen See geholt. Einmal begann er, den stillen Waldsee sogar mit Reusen zu befischen. Es glückte ihm vorzüglich. Viele Leute sahen ihn scheu von der Seite an, denn sie glaubten wahrhaftig, ein Puk helfe ihm bei seiner Arbeit. Es war aber kein Geringerer als der Teufel selber, der es auf den Fischer abgesehen hatte, denn der war ein arger Flucher, und das sollte ihm übel bekommen.

Eines Morgens fand Fischer Klatt in seiner Reuse einen riesigen Aal, der mochte wohl schwerer als fünfundzwanzig Pfund sein. Zuerst war die Freude des Fischers groß, dann war ihm unheimlich zumute, denn noch nie hatte er ein solches Ungetüm gesehen. »Dat's ja woll gar de Oll sülwen«, meinte er nachdenklich, und tatsächlich hatte er richtig vermutet. Doch jetzt schob er seine geheime Furcht beiseite, öffnete die Reuse und griff fest zu. Kaum hatte er den dicken, glatten Aal im Boot – husch! – da war er ihm auch schon wieder entkommen und ins Wasser geglitten.

Am nächsten Morgen sah er, daß er den Riesenaal zum zweitenmal in seiner Reuse hatte. Er wollte es geschickter anstellen, um diesen stattlichen Fang nach Hause zu bringen und seinen Nachbarn zu zeigen. Alle sollten sehen, was für ein Geschenk ihm der Schwarze See beschert hatte. Über diesen Gedanken war er jedoch nicht achtsam genug, und es ging ihm nicht anders als zuvor. Mit langem Gesicht zog er davon und dachte hin und her, wie er dem flinken Riesen den Garaus machen könnte.

Auch am dritten Morgen hatte sich der Aal in der Reuse gefangen. Nun galt es! Fischer Klatt zog die Reuse mit aller Kraft heran und schnürte sie fest zu. Dann hob er sie mitsamt dem Aal auf den Rücken und machte sich mit dieser nicht geringen Last auf den Heimweg.

Immer schwerer wurde sie ihm, so daß er fast zusammenbrach. Mit knapper Not erreichte er sein Haus. Wie atmete er auf, als er in der Küche seine Beute endlich losgeworden war! »So«, sagte er zu seiner Frau, »nu heww ick't schlau makt, nu heww ick em mit de Reus herschleppt! Sett man fix 'n Brauketel vull Water up't Füer!«

Bald brodelte das Wasser in einem großen Kessel, das Ende des Untiers schien gekommen. Mit aller Vorsicht ging Fischer Klatt zu Werke, denn nun mußte die Reuse geöffnet werden. Aber es half alles nichts. Kaum hatte er das Band gelöst – husch – husch –

Schreckensstarr standen der Fischer und seine Frau. Was war geschehen? Mit wütendem Zischen war der Aal auf den Fischer losgeschossen und hatte sich mit unglaublicher Geschicklichkeit zum Schornstein hinausgewunden.

Seit diesem Tag wollte dem Fischer im Schwarzen See kein Fang mehr glücken. Doch er ließ nicht locker und versuchte es immer wieder. Es war, als habe der Teufel den See durch einen Schlund mit unterirdischen Gewässern verbunden und auf diesem Weg alle Fische abwandern lassen. Der Fischer war ärgerlicher als je zuvor. Immer öfter stieß er beim Fischen gräßliche Flüche aus. Alles verfluchte er, sein Mißgeschick, den Schwarzen See, den Riesenaal, auch seine Frau, weil sie ihm nicht geholfen hatte, das Untier zu bändigen, und schließlich verfluchte er sich selbst.

Da – er befand sich gerade mitten auf der einsamen Wasserfläche – huschte ein großer Schatten am Boot entlang: sein Aal! Schon kam er wieder. Rasch beugte sich der Fischer über Bord, um ihn zu packen. Doch er verlor das Gleichgewicht, und es war um ihn geschehen. Kopfüber stürzte er ins Wasser, ging sofort unter und versank im See.

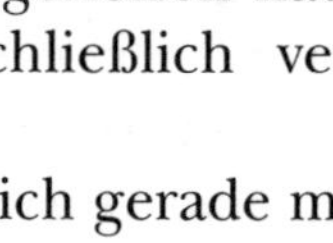

Der Buskam

Dreihundert Meter vor dem Nordstrand von Göhren ragt er aus dem Wasser, der gewaltige Felsblock mit dem seltsamen Namen »Buskam«. Ein »Gottesstein« ist es, der alten slawischen Bezeichnung zufolge, und dazu der größte Findling an der rügenschen Küste.

Früher war es üblich, daß die Göhrener Hochzeitspaare mit ihren Gästen zum Buskam hinausfuhren. Dann tanzten sie alle – nicht selten an die zweihundert Menschen – dort auf dem Felsen im Meer.

Wie mag der riesige Block an diesen Ort gekommen sein? Wenn er erzählen könnte, so würde er uns zuraunen von seinem Ursprung im Inneren der Erde, dem Hervortreten ans Tageslicht, von seiner Heimat im Norden, von der weiten Reise auf dem Rücken der Gletscher – und ganz leise würde er auch von wundersamen Dingen berichten …

Es ist Johannistag, der 24. Juni, einer der längsten Tage des Jahres. Um die Mittagsstunde tauchten vor der Mönchguter Küste eigenartige Wesen an die Oberfläche des Meeres empor, Seejungfern, mit einem Oberkörper von Menschengestalt, während der Unterleib in einen langen Fischschwanz ausläuft.

Jede hat eine zinnerne Schüssel mit köstlichen Speisen in der Hand. Sie nähern sich dem Buskam, hocken sich an den Rand des Steines wie an einen großen Tisch, und ein fröhliches Mahl beginnt. Danach tanzen sie in lustigem Reigen, klatschen in die Hände, werden immer übermütiger und ausgelassener, lachen und singen, steigen sogar auf den großen Stein hinauf, und weiter geht es in froher Runde.

Nur Menschen, die am Johannistag zu dieser Stunde geboren sind, sollen die Seejungfern bei ihrem Tanz sehen können. Zum Glück sind das wenige Menschen, denn wer einmal von den Wassergeistern dabei bemerkt wird, ist ihnen verfallen: Mit zauberhafter Gewalt locken sie den Unglücklichen durch die tiefe Flut zu sich und ziehen ihn mit hinab auf den Meeresgrund. Denn sobald es zwölf Uhr schlägt, versinken sie und kehren in ihr unterirdisches Reich zurück. Erst am nächsten Johannistag erscheinen sie wieder.

Das alles geschieht zu heller Mittagsstunde. In der Walpurgisnacht aber, in der ersten Nacht im Mai, wird es unheimlich. Rauschen und Heulen erfüllt die Luft: Hexen reiten auf ihren Besen! Aus allen Richtungen kommen sie und treffen auf dem Buskam zusammen.

Dort erhebt sich ein höllischer Spektakel, wenn sie ihre Tänze aufführen. Schaurig gellt der Lärm über die nachtschwarze See. Schließlich erreicht der wilde Hexentanz seinen Höhepunkt – da schlägt es ein Uhr, und huiii! jagen sie alle auseinander.

Bald liegt der Buskam in nächtlicher Einsamkeit wieder verlassen da.

Unser Findlingsblock gehört ebenso wie sein Saßnitzer Vetter, der Uskan, zu den »Adeborsteinen«. Wenn nämlich Freund Adebar die kleinen Kinder aus der Ostsee geholt hat, legt er sie erst einmal auf dem Stein nieder, damit sie trocken werden. Dann nimmt der Storch die Kinder wieder auf und bringt sie den Müttern ins Haus.

So knüpfen sich mancherlei Sagen und Bräuche an diesen Felsblock aus grauer Vorzeit, der vor Göhren als ein treuer Wächter der Insel Rügen liegt.

Ein Hochzeitsspaß in Kleinhagen

In Kleinhagen war einmal eine Hochzeit. Wie es in alter Zeit auf Mönchgut üblich war, feierte das ganze Dorf mit. Lustig wurde gesungen und getanzt, und die Fiedel spielte die alte Weise: »Heideldeldit – hübsch im Tritt!« Wenn die Quinten so richtig quietschten, war es bis ans Dorfende zu hören. Dort war ein Bauer unterwegs, Klaas Pisch, der auch gern an der Hochzeitstafel gesessen hätte, doch war der Hochzeitsbitter nicht an seine Tür gekommen.

Als der Mann am Schafberg war, hörte er, wie etwas aus einer Grube gerufen wurde. Neugierig ging er näher und verstand einige Worte, die sich anhörten wie »Wirf die Mütz raus! Wirf die Mütz raus!«

Klaas Pisch blieb stehen und sah mit Verwunderung, wie vor der Grube ein Völkchen der Unterirdischen vergnügt umhersprang. Immer wenn der Ruf erscholl, flog wirklich eine Mütze heraus. Einer von den kleinen Kerlen griff zu, setzte sie sich auf und war dann unsichtbar. Wenigstens konnte ihn kein gewöhnlicher Mensch mehr sehen. Das ging eine Weile, bis es bei der Grube still wurde.

Gar nicht übel, dachte Klaas. Ob er auch eimal versuchte, eine Mütze zu greifen und dann unsichtbar zu sein? Wie das wohl zugehen mochte?

Er ging bis an den Rand der Grube und rief gerade so, wie es die Kleinen vorher getan hatten: »Wirf die Mütz raus! Wirf die Mütz raus!«

Eine dumpfe Stimme ließ sich aus der Tiefe vernehmen: »Hier ist nur noch Großvaters Mütze!«

Der Bauer gab zurück: »Das ist mir gleich, wirf sie nur raus!«

Eine alte Mütze kam angeflogen. Klaas ergriff sie, setzte sie auf und wollte gleich seinen Vorteil, unsichtbar zu sein, ordentlich ausnutzen. Hatten sie ihn nicht zur Hochzeit eingeladen – nun gut, dann ging er eben als ungeladener Gast, sehen konnte ihn ja kein Mensch. Er eilte in den Festsaal.

Das war eine herrliche Sache! Den Leuten, die da saßen, nahm Klaas einfach die besten Stücke vom Hochzeitsbraten vor der Nase weg. Es gab Reis mit Pflaumen und Schweinebraten. Als der junge Bräutigam gerade nach einem saftigen Stück Fleisch langte – wupp, bekam er eins auf die Finger, so heftig, daß er das Stück fallen ließ, und – ihm blieb der Mund vor Staunen offen stehen – es verschwand vor seinen Augen!

Im Saal saß auch David Wittmiß, der hatte Klaas einmal sein Vieh behext. Dem wollte er es jetzt aber besorgen! Klaas stellte sich direkt vor ihn hin, holte in aller Ruhe aus und versetzte ihm eine gehörige Maulschelle, daß David von der Bank purzelte und unter dem Tisch landete.

Was hatte Klaas damit angerichtet! Es gab ein allgemeines Aufsehen, denn der unsanft Behandelte glaubte natürlich, daß es sein Nachbar zur Rechten getan hatte. Der wies es zwar mit gutem Gewissen zurück, David blieb aber dabei und zahlte mit gleicher Münze heim. Bald war bei der Hochzeit in dem einen Saal Schlägerei und in dem andern Saal Tanzvergnügen.

Klaas Pisch hatte sich beizeiten aus dem Staub gemacht. Er stand draußen am offenen Fenster und freute sich, daß David Wittmiß gründlich das Fell gegerbt wurde.

Dann bemerkte Klaas, wie es um ihn herum immer lebendiger wurde. Aus dem Haus kamen viele Unterirdische. Er konnte sie sehen mit seiner Zaubermütze, aber auch sie nahmen das wahr und drohten ihm deshalb, sie zupften ihn an Rock und Hose und trieben allerlei Hokuspokus mit ihm, bis er es mit der Angst zu tun bekam.

Er ließ die Hochzeit Hochzeit sein und lief zum Schafberg zurück. Als er an der Grube vorbeikam, warf er die Mütze wieder hinein, hielt sich aber nicht auf, sondern ging nach Hause.

Seitdem hatte Klaas Pisch vor dem Schafberg großen Respekt. Oft erzählten die Leute im Dorf, es gehe dort um, und mancher sollte da sogar in Bedrängnis geraten sein. Klaas sagte dann immer nur: »Das will ich nicht abstreiten, das ist gut möglich!« Er wußte ja recht gut, wer am Schafberg hauste.

Die Überfahrt der Unterirdischen

Es ist schon viele Jahre her, da lag eines Abends in Alt Reddevitz der alte Büdner und Fischer Michel Besch in seinem warmen Bett und freute sich, daß er sich nicht auch noch in der Nacht auf der bewegten See abzumühen brauchte. Der Sturm heulte durch die hohen Bäume, die schützend das kleine Haus umgaben, und vom Ufer drang das Rauschen der aufgewühlten See herüber.

Während sich Michel Besch nun allerlei Grübeleien hingab, klopfte es laut und vernehmlich ans Fenster. Er fuhr hoch und rief: »Wer ist da?«

Von draußen kam die Antwort: »Mach nur schon auf, dann wirst du ja sehen!«

Michel blieb nichts weiter übrig, er mußte aus seinem molligen Bett heraus und öffnen.

Da stand ein kleiner drolliger Kerl vor ihm, der hatte einen großen grauen Bart, fast so lang wie er selbst.

»Ich habe eine Bitte an dich«, begann der Kleine. »Willst du mich in dieser Nacht über die Having setzen?«

»Tja«, meinte Michel, »das ist so eine Sache, viel Lust habe ich nicht dazu. Das weht und stürmt, und das Übersetzen bei dem Wetter ist ein schweres Stück Arbeit.«

»Das ist richtig«, sagte der Kleine, »und das weiß ich ja auch selbst, aber ich muß hinüber und will das gut bezahlen. Sieh her, dieser Beutel voll Gold gehört dir, wenn du mich noch in dieser Nacht auf die andere Seite bringst.«

Für Geld war Michel sehr empfänglich – vielleicht hatte der Kleine das gewußt, und damit war er an den Rechten gekommen. Michel war gleich einverstanden, der Handel wurde abgeschlossen.

Sie gingen hinunter zur Having, der Kleine stieg ein, und Michel begann zu rudern. Nach wenigen Schlägen schon hielt er erschöpft inne, denn es kam ihm vor, als sei das Boot nur mit großer Mühe vorwärtszubringen, und doch saß lediglich der kleine Kerl darin.

Als er es dem Kleinen verwundert sagte, antwortete der: »Du hast ganz recht, ich allein kann nicht so schwer sein, aber wenn du über meine linke Schulter siehst, wirst du wissen, warum es dich anstrengt.«

Michel folgte dem Rat – was mußte er sehen! Das ganze Boot war voll von kleinen Leuten, und zwischen ihnen stand noch eine Reihe von Säcken mit Geld.

»Na, was soll denn das heißen? Wo wollt ihr damit hin?« fragte er erstaunt.

Der Kleine gab ihm Bescheid, er und seine Brüder könnten nicht länger auf Mönchgut bleiben, denn die Leute fingen überall an, das Brot zu bekreuzen, und solches Brot könnten sie nicht essen. Sie müßten nun in eine Gegend fahren, wo das Bekreuzen noch nicht üblich sei.

Michel blieb nichts anderes übrig, als mit aller Kraft zu rudern. Er mußte es schaffen – dachte er doch immer wieder an das viele Geld, das er in seinem Boot mitführte.

Am Gobbiner Haken legte er an und ließ die kleinen Passagiere aussteigen. Jeder von ihnen hatte einen Sack voll Geld auf dem Rücken und schleppte ihn aus dem Boot. Aber alle Säcke bekamen sie noch nicht heraus, drei blieben zurück.

Kaum hatte Michel gesehen, daß alle das Boot verlassen hatten, stieß er ab und ruderte schnell davon.

»Halt, warte doch!« riefen die Kleinen aufgeregt. »Wir haben ja nicht alles heraus, wir müssen die drei Säcke noch holen!«

»Ihr habt gerade genug mitgenommen – den Rest könnt ihr euch suchen!« schrie Michel zurück. »Ich kann es auch gut gebrauchen.«

Die Kleinen baten und flehten. Als Michel sie nur auslachte, warnten sie ihn: »Michel Besch, Michel Besch, du tust dir großen Schaden an, dir und deinen Nachkommen. Denn solange noch etwas von dem gestohlenen Gut unter deinem Dach ruht, wird weder Glück noch Segen in deinem Haus wohnen, und ein schweres Strafgericht wird die Bewohner treffen!«

Michel schlug die Worte in den Wind und ruderte davon. Aber es sollten keine leeren Worte gewesen sein. Immer war unter den Kindern seiner Nachkommen ein krankes, entweder war es stumm, blind oder nicht richtig im Kopfe, oder es konnte nicht laufen. Auch Michel selbst ist seines Lebens nicht mehr froh geworden.

*

Die Unterirdischen zogen weiter durch Rügen. Nirgends fanden sie eine Bleibe, denn überall hatten sich die Menschen angewöhnt, das Brot zu bekreuzen.

Deshalb entschlossen sie sich, die Insel zu verlassen. Von Wittow und Mönchgut kamen sie in langen Zügen, dazu aus anderen Teilen Rügens und sogar aus Hiddensee – alle versammelten sich eines Nachts am Goldberg hinter Poseritz, um sich vom Glewitzer Fährmann über den Bodden zum Festland fahren zu lassen.

Die ganze Nacht mußte der Schiffer arbeiten, ohne daß er sehen konnte, wen er übersetzte, doch sank sein Boot jedesmal tief ein. Als er zum letztenmal hinüberfuhr, erhielt er einen Scheffel Geld. Ein Unterirdischer, der schon zuvor mit ihm verhandelt hatte, fragte ihn, ob er wissen wolle, wen er übergesetzt habe. Der Fischer bejahte, worauf ihm der Kleine seine Mütze aufsetzte. Da sah der Fährmann, daß das Festlandsufer von Unterirdischen nur so wimmelte.

Seit dieser Zeit sind keine Unterirdischen mehr auf Rügen zu finden.

Geschichten vom Puk

Vor vielen Jahren soll es auf Rügen bei manchen Leuten einen Puk gegeben haben, einen kleinen munteren Hausgeist mit roter Jacke und großer Mütze. Wer ihn im Haus hatte, brauchte sich nicht mehr zu plagen, denn der Puk war stets darauf bedacht, für den Wohlstand seiner Wirtsleute zu sorgen.

In einem Mönchguter Dorf lebte einmal ein Bauer, der hieß Pagel Kaus und war so arm, daß sein Wahlspruch lauten konnte: »Hunger, wehr dich, morgen wollen wir backen!« Doch mit dem Backen wurde es immer nichts. Nach wie vor herrschten Hunger und Armut in seinem Haus.

Mit einem Male wurde es anders. Zusehends lebte Pagel auf, er konnte seinen alten Geldstrumpf mit klingender Münze füllen, und das ging eine Weile fort, bis der Strumpf so voll war, daß er ihn kaum noch zubinden konnte. Hinein damit in die Lade, und dann kam noch mehr hinzu. Der Bauer schaffte sich bessere Sachen an und aß und trank nach Herzenslust.

Nicht lange dauerte es, da war sein Reichtum in aller Munde. »Nun seht doch den Pagel Kaus an! Wo hat er das Geld her? Wie hat er das bloß gemacht?« So fragten sich die Leute, aber bald wußten sie es: Pagel hatte einen Puk, der trug ihm das Geld und Gut der Nachbarn ins Haus!

Nur mit Pagel selbst war es trotzdem nicht gut bestellt. Als er noch arm war wie eine Kirchenmaus, konnten die Leute mit ihm ganz gut auskommen. Nun stieg ihm der Reichtum zu Kopfe, und er wurde so hochmütig, daß kein Mensch mehr mit ihm etwas zu tun haben wollte.

Eines Tages kam ein alter Schneidergeselle nach Mönchgut. Auch an Pagels Tür klopfte er und bat um eine kleine Gabe, aber der Bauer war gerade wieder schlecht gelaunt und jagte ihn vom Hof. Nun ging der Geselle zum Nachbarn. Der lud ihn gleich zum Essen ein und gab ihm einen Kanten Brot und ein ordentliches Stück Speck als Wegzehrung mit.

Wie sie noch so redeten, kamen sie auch auf Pagel zu sprechen. Der Nachbar klagte dem fremden Gesellen sein Leid, wie es mit seiner Wirtschaft bergab gehe und es bei Pagel dagegen immer besser werde, und die Schuld daran gab er natürlich dem Puk, den sich Pagel hielt.

»Na, wenn's weiter nichts ist«, sagte der Schneidergeselle, »dann will ich dir wohl helfen.«

»Wenn du das fertigbringst ...«, meinte der Bauer nachdenklich und setzte dann rasch hinzu: »Hier, dieser Taler soll für dich sein, und nun sieh zu, was du tun kannst!«

Der Schneidergeselle war ein sonderbarer Mensch. Gerade nachts um zwölf in der Johannisnacht war er geboren, und darum konnte er mehr sehen als andere Menschenkinder.

Um Mitternacht stellte er sich hinter Pagels Scheune und wartete. Tatsächlich, da kam der kleine Kerl mit der großen Mütze und der roten Jacke und verließ den Hof. Der Geselle ließ ihn ruhig ziehen.

Als sich der Puk entfernt hatte, nahm der Geselle einen Stock, schlich um das ganze Gehöft und zeichnete vor jedem der drei Eingänge drei Kreuze auf den Erdboden.

Kaum war er damit fertig, da sah er den Puk schon zurückkommen. Beinahe hätte er laut herausgelacht – es sah aber auch zu komisch aus, wie sich der kleine Kerl mit einem großen, schweren Sack Korn abmühte, den er auf dem Rücken schleppte, so daß er fast darunter verschwand.

Als der Puk nun zum ersten Eingang kam und die Kreuze sah, blieb er stehen, zögerte und ging zum zweiten Eingang. Hier sah er wieder drei Kreuze, und schnell versuchte er es beim dritten Eingang, aber der war auch durch Kreuze versperrt.

Was sollte er tun? Er überlegte, doch der Sack voll Korn drückte ihn sehr, und es blieb nur ein Ausweg: Er trug den Sack zum Nachbarhof zurück. Dort blieb der Puk dann und ging nicht mehr fort.

Bald war es mit Pagel Kaus wieder das alte Lied. Ein Stück Vieh nach dem andern ging ihm ein, und er selbst begann zu trinken. Als er auch noch mit dem Spielen anfing – wie schnell wurden seine alten Geldstrümpfe leer!

Schließlich kam er so weit herunter, daß die Nachbarn, wenn sie ihn sahen, die Köpfe zusammensteckten und sprachen: »Ja, ja, er pfeift jetzt auf dem letzten Loch!«

*

Martin Looks, ein Mönchguter Bauer, ging einmal mit seiner Tochter Regine spät abends durch Groß Zicker, sie wollten noch nach Göhren.

Als die beiden zu ein paar alten Weiden kamen, die nicht weit vom Dorfausgang standen, sahen sie am Weg ein helles Feuer, das ein kleiner Kerl mit einer langen Stange schürte.

»Sieh, Regine«, flüsterte Martin Looks, »das ist der Puk! Wir wollen schnell vorbeigehen, aber leise, leise, damit er uns nicht bemerkt. Wer weiß, was uns alles geschehen kann, wenn wir ihn bei seiner Arbeit stören! Sicher wird er dann ärgerlich und spielt uns einen üblen Streich. Man kann ihm nicht trauen.«

Schon glaubten sie, unbemerkt vorbeigekommen zu sein, als sich ein leiser Wind erhob, der Regines Brusttuch flattern ließ, und ehe sie sich noch recht besann, war es davongeflogen. Sie erschrak, als sie ihr Tuch so fliegen sah, doch noch größer wurde ihr Schreck, als sie mit ansehen mußte, wie es gerade in das Feuer flog, das der Puk eifrig schürte. Ein kurzes Aufflammen – schon war das Tuch verbrannt.

»Das Tuch! Vater, mein schönes Tuch bin ich los!« jammerte Regine.

Ja, das war ein Unglück. Aber was sollten sie tun? Sie mußten zusehen, daß sie ohne weiteres Mißgeschick nach Göhren kamen.

Als sie am andern Morgen auf dem Rückweg waren, wollte Regine an der Stelle, wo am Tag zuvor das Feuer gebrannt hatte, ihren Augen nicht trauen. Eben hatte sie noch mit Wehmut an ihr schönes Tuch gedacht – aber da war es ja wieder, und ein ganzer Berg blanker Taler lag darauf!

Mit raschen Schritten war Regine bei ihrem Tuch, band die Zipfel zusammen und trug voll Freude ihren kostbaren Schatz nach Hause. Martin Looks wunderte sich nicht wenig. Seine Tochter aber meinte: »Vater, du sagst, daß man dem Puk nicht trauen kann. Jetzt mußt du einsehen, daß er besser ist als mancher Mensch. Hätte ein Mensch das Brusttuch gefunden, hätte ich es wohl nicht wiederbekommen. Der Puk gibt es mir zurück und noch einen Haufen Geld dazu!«

*

Einst lag in Alt Reddevitz ein Bauer sterbenskrank darnieder. Seine Frau war schon lange tot, und die Tochter, sein einziges Kind, hatte ihm sieben Jahre lang die Wirtschaft geführt.

Traurig saß Guste, die Tochter, nun am Krankenbett. Was sollte aus ihr werden, wenn ihr der Vater genommen würde? Ganz allein würde sie dann in der Welt dastehen …

Es war eine unruhige Nacht, der Sturm heulte ums Haus, der Regen klatschte an die Fenster, draußen war es pechschwarz. Gerade hatte die

Uhr zwölf geschlagen, da richtete sich der Kranke auf und stöhnte. »Wasser, Wasser«, bat er mit fieberheißen Lippen. »Guste, bring mir Wasser!«

Sie sprang auf und lief in die Küche, aber – o Schreck – der Eimer war leer. Kein Tropfen Wasser war im Haus. Sollte sie in die schwarze Nacht hinaus? Sie fuhr zusammen: Nein, das konnte sie nicht, der Brunnen lag ein ganzes Stück vom Haus entfernt.

»Wasser, bring mir Wasser!« drängte der alte Mann in seinem Fieber.

Jetzt war alles Bangen vergessen. Guste griff den Eimer, ohne Zaudern ging sie in die Finsternis hinaus, bald hatte sie den Brunnen erreicht. Als sie sich über den Rand beugte und den Eimer hinunterlassen wollte, hörte sie aus der Tiefe ein jämmerliches Winseln. Was war das? Sollte am Ende ein Kind in den Brunnen gefallen sein? »Ist da einer unten?« rief Guste hinab.

»Ja, du kommst gerade noch zur rechten Zeit«, schallte es aus der Tiefe herauf. »Laß schnell den Eimer herunter, sonst muß ich hier ertrinken!«

Wo Guste helfen konnte, tat sie es immer gern. Schon im nächsten Augenblick war der Eimer unten. Dann zog sie ihn langsam und vorsichtig hoch. War der Eimer schwer geworden! Als sie ihn endlich am Brunnenrand hatte, sah sie, wen sie gerettet hatte. Wahrhaftig – da saß ein kleiner Kerl mit langem Bart und einer großen roten Mütze! Sie zitterte so sehr, daß ihr der Eimer beinahe wieder entglitten wäre.

Doch schnell schwang sich der Kleine auf den Rand und sprach: »Hab keine Angst, ich tu dir nichts zuleide. Ich will dir deine Hilfe lohnen. Hier, da ist ein Kräutlein! Koche deinem Vater davon gleich einen Tee! Du wirst sehen, bald ist er wohlauf und wird dich noch nicht verlassen. Dir selbst gehört dieser kleine Beutel. Greif nur immer hinein, wenn du Geld brauchst. Du wirst darin soviel finden, wie du haben willst!« Sprach's und verschwand.

Guste stand da und wußte nicht, was sie sagen sollte. Es kam ihr vor, als träume sie, aber da sie das Kraut und den Beutel in ihrer Hand hielt, mußte wohl alles seine Richtigkeit haben.

Geschwind füllte sie den Eimer, lief zurück und kochte ihrem Vater von dem Kraut einen starken Tee. Der Kranke geriet in Schweiß, dann fiel er in einen tiefen, erquickenden Schlaf, und wirklich, nach einigen Tagen war er gesund.

Die Wirtschaft kam bald wieder in Ordnung, und alles ging wie früher. In kurzer Zeit hatte Guste keine Sorgen mehr. Ihr Geldbeutel ließ sie nicht im Stich, und da sie ein herzensgutes Mädchen war, fand sich bald ein junger Bauer, der sie zu seiner Frau machte. So stand sie, als ihr Vater nach einigen Jahren die Augen für immer schloß, nicht mehr allein auf der Welt, und mit dankbarem Herzen dachte sie noch oft an ihren kleinen Helfer in der Not.

Geschichten vom Drak

Ein junger Bauer war einmal von Middelhagen nach Baabe unterwegs. Es dämmerte schon, und als er bei der Mühle von Philippshagen war, sah er rechter Hand, beim Göhrener Speckbusch, ein Feuer auflodern. Immer höher stiegen die Flammen. Dann trieb das ganze Feuer nach Westen hin. Langsam zog es durch die Luft, gerade auf die Philippshagener Mühle zu, wo der Bauer stand und die gespenstische Erscheinung anstarrte: Ein feuriger Klumpen mit langem Flammenschweif näherte sich ihm.

Da kam dem Bauern ein Gedanke, und er war erleichtert: Natürlich, der Drak war das, der Feuergeist, von dem die Alten manchmal erzählten. Nun mußte er genau aufpassen, wo der Feuerball niederging. Vielleicht glückte es ihm, ein reicher Mann zu werden. Wo sich der Drak ausruhte, sollte viel Geld vergraben liegen.

Plötzlich schwebte die feurige Gestalt herab und ließ sich am Teschenberg, dicht bei Middelhagen, nieder.

Jetzt hielt den jungen Bauern nichts mehr bei der Mühle. Er machte sich eilends auf, den richtigen Ort zu suchen. Hier, das mußte die Stelle gewesen sein, wo der Feuergeist in die Erde gefahren war!

Der Bauer mühte sich mit einem klobigen Feldstein ab und wollte ihn dorthin wälzen, um den Platz auch später wiederzufinden, da rauschte und krachte es im Busch am Teschenberg so furchtbar, als würde dort alles kurz und klein gebrochen. Erschrocken richtete sich der Bauer auf: Fuhr das Flammengespenst wieder in die Höhe?

Nein – ein anderes greuliches Ungeheuer stürmte aus dem Wald auf ihn los, ein mächtiger Bulle mit glühenden Augen und schwarzer Mähne.

Einen Augenblick stand der Bauer wie gebannt, dann ergriff er die Flucht. Hei, das ging über Zaun und Gebüsch, der Bulle immer hinterdrein, er brummte wütend und schnaubte, daß dem Gehetzten angst und bange wurde. Der Bauer glaubte schon, sein letztes Stündlein habe geschlagen.

Da – die Kirchhofsmauer von Middelhagen! Kurz entschlossen nahm der Bauer all seine Kraft zusammen, sprang hinüber und warf sich lang hin, mitten zwischen die Gräber. Hier wartete er mit klopfendem Herzen auf seinen Verfolger, der gleich heran sein mußte.

Doch er war gerettet. Das wilde Tier war wie vom Erdboden verschluckt und von ihm nichts mehr zu hören und zu sehen.

*

An der Having, einer Bucht des Greifswalder Boddens, saßen eines Abends nicht weit vom Driftenberg ein paar Fischer aus Alt Reddevitz. Wie sie noch gemütlich ihre Pfeife rauchten und klönten und dabei auf ihre Boote und die sanften Wellen der Having blickten, tauchte in der Selliner Richtung ein helles Licht auf. Sie sahen es deutlich, denn es wurde schon dämmerig.

»Was ist das nur?« fragte einer die andern verwundert. Das Licht kam näher und wurde größer.

»Leute«, sagte Martin Besch, einer der Fischer, »ich glaube, das ist der Drak. Ich bleibe nicht hier, ich reiß lieber aus.«

Er sprang auf und lief davon, die andern eilten ihm nach, nur Karsen Kliesow blieb zurück. Er murmelte: »Laß ihn doch kommen, den Drak. Wenn er kommt, bringt er auch Geld mit, und mir kann er ruhig das ganze Boot vollschütten.«

Nun kam der Drak auf Karsen zu, und der blieb furchtlos und aufrecht sitzen. Als der Drak aber direkt auf ihn herabglitt, verließ den Fischer doch die Fassung. Schnell war er hoch, hatte im Nu sein Boot erreicht, sprang hinein und stieß ab. Er ruderte, was er konnte, auf dem Wasser würde er vor dem feurigen Ungeheur wohl sicher sein.

Der Drak ließ sein Opfer nicht mehr los und schlängelte sich hinter dem hastig rudernden Fischer her. Als sich das Boot mitten auf der Having befand, schoß der Drak hinein. Dabei klapperte und polterte es ohrenbetäubend – Karsen sah, wie sich sein Boot von Minute zu Minute mit lauter blanken Talern füllte. Seine Augen wurden groß, er vergaß seine Furcht und dachte: Nur zu, je mehr, desto besser!

Aber je mehr sich sein Boot füllte, desto tiefer sank es ein. Schon war es mit der Freude wieder vorbei, denn das Poltern nahm und nahm kein Ende. Ehe Karsen es sich versah, schlugen die Wellen über seinem Boot zusammen und zogen ihn mit hinab. Grauenvoll klang sein letzter Schrei übers Wasser.

Auf dem Driftenberg bei Alt Reddevitz standen die andern Fischer und schraken zusammen, als sie Karsens Aufschrei hörten. Martin Besch sagte leise: »Ja, Leute, mit Karsen Kliesow ist es aus. Der Drak hat ihn geholt.«

Der Nachtjäger und die witten Wiwer

Wenn der Sommer zu Ende ging, wenn die Felder kahl geworden waren und der Herbststurm über Land und See dahinbrauste, dann wurde es in der Stube gemütlich. Draußen aber war es oft düster und unheimlich, denn mit dem Herbststurm kam auch der wilde Nachtjäger wieder. Hoch in der Luft jagte er auf seinem feurigen Pferd – ein großer hagerer Mann in eiserner Rüstung. Seine Augen funkelten vor Zorn und Grimm, Feuer flog aus seinem Angesicht. Immer ging es in hallendem, sausendem Galopp dahin, und sein Leib war vorn über das Pferd gebeugt, dem Funken aus den Nüstern sprühten. In der Rechten schwang der Jäger eine lange Peitsche, mit der er knallte und sein Wild aufjagte oder auf Tiere einschlug, die er verfolgte. Eine Meute kläffender Hunde umschwärmte ihn von Zeit zu Zeit mit lautem Gebell. Immer wieder erscholl des Jägers Ruf:

»Hoho! Hallo!
Holl den Middelweg! Holl den Middelweg!
Denn biten mine Hunn di nich!«

Meist ging seine Jagd durch dichten Wald und über öde Heide, denn in der Mitte ordentlicher Straßen und Wege durfte er nicht reiten. Traf er zufällig einmal auf einen Kreuzweg, so stürzte er mit seinem Pferd heftig kopfüber und konnte sich erst weit jenseits wieder aufraffen.

Was jagte er? Unter den Tieren alles, was zur Nachtzeit auf Raub ausging: Wölfe, Füchse, Luchse, Katzen, Marder, Iltisse. Unter den Menschen waren besonders Diebe, Räuber und Mörder seine Opfer. – Solch ein Bösewicht, der in seinem Leben viel Unheil angerichtet hatte, mußte so mit dem Tode büßen. Der Nachtjäger hielt, wie die Leute früher sagten, die Straßen rein. Wehe dem, der kein gutes Gewissen hatte und von ihm bei Nacht in Wald und Feld oder gar auf verbotenen Schleichwegen angetroffen wurde! Mancher mußte zittern, wenn er seinen Ruf hörte. Gewöhnlich jagte er, was ihm vor die Peitsche kam, so lange, bis es die Zunge aus dem Halse streckte und tot hinfiel.

*

Die beiden Mönchguter Fischer, die an einem unruhigen Herbstabend von Middelhagen nach Baabe unterwegs waren, schritten rüstig aus, denn es war spät geworden. Der Wind fuhr durch die alten Bäume an der Landstraße, die sich ächzend seiner Gewalt beugten und ihre Blätter laut aufrauschen ließen. Ja, wenn der Wind mit aller Macht über die Bäume herfiel, dann war es in den dahinjagenden Lüften wie ein Aufschrei vieler Stimmen zu vernehmen.

Die Fischer erschraken. Noch mehr steigerte sich das Heulen des Sturmwinds. Über ihnen setzte ein lautes Rufen und Knallen ein, dazu ein Tosen und Brüllen, als sei die Hölle los.

»Dor – dat is de Nachtjäger!« Kaum hatte einer der Fischer ängstlich diese Worte hervorgestoßen, da brauste die Wilde Jagd auch schon über sie hinweg. Sein Kamerad jedoch wollte Mut beweisen und rief aus voller Kehle: »Ick holl mit!«

Im nächsten Augenblick tauchte dicht neben ihm ein schwarzes Pferd mit einem finsteren Reiter auf, der nach dem dreisten Rufer langte und ihn mit den Worten »Denn kumm!« am Kragen packte.

Der andere sank vor Entsetzen in die Knie, als sein Kamerad mit dem finsteren Reiter durch die Luft davonjagte. Sein Kopf war umgedreht und das Gesicht mit schreckensstarrem Ausdruck nach hinten gewandt.

*

Noch heute stehen in einigen rügenschen Dörfern wie Zirkow und Pantow und auf Mönchgut ältere Häuser von der Art des altsächsisch-westfälischen Bauernhauses. Die Wände sind niedrig und ducken sich unter das hohe, tief herabgezogene Strohdach. Der Dachfirst ist an beiden Enden abgeschrägt und trägt häufig Giebelfiguren als Schmuck, Fahnen oder gekreuzte Pferdeköpfe, aus Holz geschnitzt. Mitten durch das ganze Haus, vom Einfahrtstor bis zur »Achterdör«, verläuft die Diele, zu deren beiden Seiten Wohnräume und Viehställe liegen.

In stürmischen Nächten mußte früher besonders darauf geachtet werden, daß beide Türen der Durchgangsdiele geschlossen waren, sonst drohte Gefahr – der Nachtjäger brauste dann mit seiner wilden Schar durch den Flur, riß Türen und Geräte mit und richtete großen Schaden an. Wer ihm entgegentrat, wurde mitgeschleift und am Morgen darauf entstellt und verstümmelt irgendwo aufgefunden.

In Thiessow, dem südlichsten Dorf Mönchguts, hatte man in einer Nacht beide Eingänge offen gelassen, und so brach die Wilde Jagd herein. Ein beherzter Mann versuchte die Türen zu schließen. Als es ihm endlich gelang, versperrte er einem Hund des Nachtjägers den Weg.

Das große schwarze Tier kehrte um und legte sich zum Schrecken der Bewohner am Herd nieder, ohne sich um die Menschen zu kümmern. Man wollte es verscheuchen, aber es knurrte und blieb liegen. Mit Nahrung wollte man es weglocken, es kehrte sich nicht daran. Keinem tat es etwas zuleide, und ohne zu fressen, ja, ohne sich von der Stelle zu rühren, verharrte das Ungeheuer ein ganzes Jahr im Hause.

Dann, in einer furchtbaren Wetternacht, als die Haustür offen stand, sprang der Hund auf und stürmte mit der Wilden Jagd des Nachtjägers davon, die über Thiessows Häuser hinwegbrauste.

*

Durch die Baaber Heide ging einmal spät in der Nacht ein armer Mönchguter Landarbeiter. Schwere Sorgen bedrückten ihn, denn seine Frau lag sterbenskrank darnieder. Er hatte sich nach Bergen aufgemacht, um vom Arzt Hilfe zu holen.

Unversehens wurde der einsame Wanderer aus seinem Sinnen aufgeschreckt. In der Ferne hörte er lautes Peitschenknallen, Rufen und Schreien. Rasch kam das Getöse näher heran. Er wandte sich um. Da sah er den Nachtjäger mit seinen Hunden wie einen Sturmwind über sich hinwegziehen.

Dem Wanderer ging das traurige Schicksal des Nachtjägers durch den Sinn, denn er hatte davon gehört, daß er ruhelos durch die Luft dahinfahren und mit seinen wilden Hunden jagen müsse. Als der Jäger über ihm war, schlug er die Hände zusammen, und seiner Brust entrang sich ein tiefer Seufzer: »Mög din arme Seel ehre Rauh finnen!«

Da – etwas Blankes war herabgefallen und lag vor ihm: ein schwerer Sporn aus purem Gold! Ein Leuchten ging über seine Züge, als er das wertvolle Stück aufhob. Gerade jetzt kam ihm das unverhoffte Geschenk recht. Er faßte frischen Mut und setzte seinen Weg fort.

Bei der nächsten Gelegenheit verkaufte er den Sporn und erhielt dafür eine ansehnliche Summe Geld. So fehlte es seiner Frau nicht an guter Pflege, und nach kurzer Zeit war sie wieder wohlauf.

Beide dachten sie voll Dankbarkeit an den Nachtjäger, von dem die Leute sonst nur mit Angst und Schrecken sprachen, der aber diejenigen belohnte, die Anteil nahmen an seinem traurigen Los.

*

Oft verfolgte der Nachtjäger eine Schar »witter Wiwer«, das waren kleine weiße Weiber, auf die er es abgesehen hatte.

Diese Wilde Jagd sah eines Nachts ein Müllergeselle, der in der Tür der Philippshagener Mühle stand. Er wußte, was der ungewöhnliche Lärm zu bedeuten hatte, und weil er keine »Bangbüx« war, blieb er ruhig stehen, um sich die gespenstische Erscheinung nicht entgehen zu lassen.

Als die Schar der »witten Wiwer« vorüber war und er den Nachtjäger selbst zu Gesicht bekam, rief er ihm aus Leibeskräften hinauf: »Hoho, oll Fründ, de halwe Jagd is min!«

Der Jäger blickte ihn kurz an und nickte nur. Dann zog er weiter.

Der Müllergeselle machte sich wieder an seine Arbeit. Gerade wollte er am frühen Morgen die Mühle verlassen – wie zitterten und bebten ihm da die Glieder, als er unter dem Bock ein halbes Weib mit kreideweißem Fell und ebensolchem Haar fand!

Nun, die halbe Jagd hatte er haben wollen, und diesen Wunsch hatte ihm der Nachtjäger erfüllt.

*

Ein Ufervorsprung auf der Halbinsel Zicker trägt den Namen Swantegard. Vorzeiten sollen dort die »witten Wiwer« gewohnt haben. Sie waren sehr klein, trugen kurze Röcke und waren – darin unterschieden sie sich von den meisten Zwergen – von Kopf bis Fuß ganz weiß. Ihre Haut, ihre Haare, ihre Kleidungsstücke, alles war schneeweiß.

In der Uferwand hatten sie ihre Wohnungen, die sie stets äußerst sauber hielten, und die Blöcke der Steinreihe im Wasser vor Swantegard dienten ihnen als Waschsteine.

In Baabe war einmal Hochzeit. Ein Kessel mit süßer Grütze stand in der Kammer, halb in die Erde eingegraben. Als die Braut hereinkam, hörte sie feine Stimmchen, die aus der Erde kamen und fragten: »Kriegen wi nich ok 'n bäten von de söte Grütt?«

Sie erschrak und lief hinaus. Als man bald darauf nachgrub, fand man lange Gänge der »witten Wiwer«, die von Baabe unter dem Erdboden bis nach Swantegard führten.

Als die Menschen schließlich alle Wohnstätten der kleinen Leute ausfindig gemacht hatten und diese immer häufiger gestört wurden, zogen sie eines Tages über den Mönchsgraben, der noch heute zwischen Baabe und Sellin die Grenze der Halbinsel Mönchgut bildet, nach Rügen, um das Mönchguter Land zu verlassen. An der Stelle ihres Übersetzens über den damals noch breiteren Mönchsgraben stand eine Eiche. Sie sagten, daß dieser Baum fortan vertrocknen werde. Sollte er aber wieder einmal grünen, würden sie zurückkommen.

Doch der Baum schlug nicht mehr aus, und nachdem er noch jahrelang trocken dagestanden hatte, wurde er umgehauen.

Vom Geldbrennen

Am Ostende von Groß Zicker auf Mönchgut stand früher ein alter vermorschter Weidenbaum. Dort soll hin und wieder gegen Abend ein bläuliches Licht gesehen worden sein. »Unter dem alten Baum liegt Geld vergraben«, sagten dann die Leute im Dorf, doch bisher hatte noch niemand den Mut aufgebracht, nach dem Schatz zu graben.

Eines Tages sagte Michel Knak zu Martin Kliesow: »Du, Nachbar, hör zu, wollen wir nicht mal unter der alten Weide nach dem Schatz suchen? Wir beide sind doch handfeste Kerle, und ich meine, wenn wir uns eine recht schwere und scharfe Rodeaxt mitnehmen und tüchtig einen hinter die Binde gießen, dann wird sich selbst der Teufel vor uns in acht nehmen und sich hüten, uns zu stören.«

Martin Kliesow war mit dem Vorschlag einverstanden, und sie verabredeten sich für einen der nächsten Abende.

Der Abend kam heran. Es regnete, und heftiger Sturm rüttelte an Fenstern und Türen. Keinen Hund mochte man in die Finsternis hinausjagen. Aber den Schatzgräbern war dieses Unwetter gerade recht, niemand würde sie beobachten! So schulterten sie ihr Werkzeug und machten sich auf den Weg.

Nun war es nicht mehr weit bis zur alten Weide. Tatsächlich, da war es wieder: das blaue Licht! Trotz des Unwetters war es deutlich zu sehen.

»Sieh, Martin, hier ist es. Nun verliere nicht den Mut und vor allen Dingen: sag keinen Ton, wenn wir buddeln, kein Wort! Sonst sinkt der Schatz tief in die Erde, und dann ist es vorbei mit der Schatzgräberei.«

Martin hatte seinem Nachbarn aufmerksam zugehört und versprach, sich die Worte zu Herzen zu nehmen. Nun tranken beide noch einen großen Schluck aus der Flasche und gingen näher an den Baum heran.

Wo war nur das Licht, das ihnen den Schatz zeigen sollte? Jetzt war es nicht mehr zu sehen. Trotzdem fingen die beiden an zu graben, wußten sie doch, daß sie am Ziel waren, unter den Ästen der alten Weide.

Es war etwas heller geworden, der Sturm hatte nachgelassen. Es rauschte, sauste und brauste in den Ästen und Zweigen des Weidenbaums laut und gespenstisch daß es ihnen bei der Arbeit kalt den Rücken hinunterlief. Aber sie wußten ja, daß es an diesem Ort nicht mit rechten Dingen zuging, und gruben unverdrossen weiter.

Eine Zeitlang hatte es gerauscht, da wurde es mit einemmal unheimlich still. Dann erhob sich wieder ein heilloser Lärm, ein Heulen und Miauen, ein Bellen und Kreischen, daß es Martin nun doch mit der Angst zu tun bekam und er am liebsten, so schnell er konnte, nach Hause zu seiner Mutter gelaufen wäre.

Michel schien sich von dem Lärm nicht im geringsten stören zu lassen. Er nahm die Schnapsbuddel heraus und tat einen kräftigen Zug. Darauf gab er seinem Nachbarn die Flasche und sah ihn dabei scharf an, als wollte er sagen: »Nur keine Bange, uns kann nichts geschehen!«

Martin nahm auch einen ordentlichen Schluck und war gleich wieder mit frischem Mut bei der Sache. Der Teufel hatte wohl eingesehen, daß ihm sein greuliches Konzert nichts nutzte, und war still.

Ohne sich beirren zu lassen, setzten die beiden Schatzgräber ihre nächtliche Arbeit fort, immer tiefer gruben sie – da stieß Michel auf etwas Hartes. Nun mußten sie mit aller Vorsicht schaufeln. Bald stand die Kiste, oder was es sonst sein mochte, halb frei. Martin bückte sich schon und wollte sie ganz herausheben.

Hopp! sprang ihm etwas auf den Rücken und bautz! über seinen Kopf.

Er erschrak so sehr, daß er vornüberfiel. Da lag er nun und schrie jämmerlich: »Michel, Michel, hilf mir doch! Was ist denn das bloß?«

Michel aber starrte auf die Grube: Bei Martins Aufschrei war die Kiste mit dem Schatz, mit ihrem schönen Schatz, versunken. Jetzt war nur noch ein kleines Loch im Erdboden zu sehen …

Über die Wiese sprang kreuzfidel ein dreibeiniger Hase. Er war es gewesen, der Martin erschreckt hatte.

Was half nun Michels Schelten und Fluchen? Was half es, daß Martin aus dem Wundern nicht herauskam? Gar nichts half es, denn die Kiste mit dem Schatz war und blieb für sie verloren.

*

Im Mönchguter Wald zwischen Göhren und Alt Reddevitz sollte es nicht geheuer sein. Viel Geld sollte dort noch aus alten unruhigen Zeiten vergraben liegen.

An einem Winterabend kam Jakob Koos aus Alt Reddevitz spät von Göhren her durch den Busch. Dicht vor sich, neben der Landstraße, sah er ein Licht auftauchen. Auf und ab hüpfte es, doch Jakob fürchtete sich nicht, denn er wußte Bescheid mit solchen Dingen. Hier hat also jemand Geld vergraben, dachte er bei sich. Was soll das hier liegen? Man könnte wohl etwas damit anfangen!

Er eilte nach Hause und kam mit einem Spaten zu der Stelle zurück. Ohne viele Umstände fing er an zu graben. Es dauerte auch gar nicht lange, da gab es einen hellen Klang – ein großer Kupferkessel kam zum Vorschein, bis zum Rand mit harten Talern gefüllt. War das eine Freude! Jakob gingen die Augen über bei all dem Segen.

Wie er nun so dastand, in den Anblick des märchenhaften Schatzes versunken, hörte er etwas von der Landstraße herüberklingen. Jetzt war es deutlicher: »Klingling – klingeling!«

Jakob fuhr auf. Mußte gerade jetzt einer angefahren kommen! Dann müßte man wohl teilen? Na, soweit sollte es gar nicht erst kommen!

Mit schnellen Schritten lief er in den Wald, um sich zu verstecken, bis der Schlitten vorüber war. Als er anhielt und lauschte, war das Klingen nicht mehr zu hören. Ob der Schlitten schon vorbeigefahren war? Dann aber gleich zurück zum Schatz!

Ja, wo war denn der Kessel geblieben? Jakob suchte und suchte, aber vergeblich. Der Kessel mit seinem Schatz war versunken, so tief, daß er ihn nicht mehr erreichen konnte.

Oben aus den Buchen erscholl ein höhnisches Gelächter: »Haha! Hoho!« Die Waldgeister hatten ihren Schatz wieder in Sicherheit gebracht.

Die Nottaufe

Vom Rand der bewaldeten Höhe auf dem Göhrener Nordperd bietet sich eine prachtvolle Fernsicht über die Ostsee. Im Süden grüßt am Horizont die Usedomer Küste herüber, und im Südosten schwimmt die einsame Greifswalder Oie mit ihrem Leuchtturm wie ein kleines Schiff auf dem weiten Meer. (»Oie« ist ein dänisches Wort und bedeutet »Insel«.)

Das winzige Eiland wurde früher nur von drei oder vier Fischerfamilien bewohnt, die sich ihr Brot mit vieler Mühe verdienen mußten und oft genug von der Außenwelt völlig abgeschnitten waren. Besonders bei Sturm und im Winter war an einen Verkehr mit dem Festland nicht zu denken. Ganz auf sich allein angewiesen, mußten die Fischer nach der alten Volksweisheit handeln: Hilf dir selbst, dann hilft dir Gott!

Vor über hundert Jahren war es, an einem stürmischen Novembertag. Ein Fischer von der Oie sah sich genötigt, den Versuch zu wagen, mit seinem Boot nach Wolgast überzusetzen. Sein schwer erkranktes Kind sollte für den Fall, daß das Schlimmste eintreten würde, unbedingt noch getauft werden.

Bei regnerischem Wetter mußte der Fischer die Fahrt antreten. Sturmböen warfen das kleine

Fahrzeug ständig hin und her, so daß er und sein ihn begleitender Bruder befürchteten, das kleine, wimmernde Wesen werde diese Fahrt nicht lebend überstehen.

Daher kamen sie nach kurzer Beratung zu dem Entschluß, das Kind selbst notzutaufen. Sie gaben ihm aus dem gefüllten Südwester einige Güsse Seewasser über den Kopf und lenkten dann in dem Bewußtsein, ihre Pflicht getan zu haben, beruhigt das Schifflein wieder heimwärts.

Und siehe da – das Kind blieb am Leben, es wuchs und gedieh sichtlich, doch entwickelten sich seine geistigen Fähigkeiten nicht in der gleichen Weise wie seine körperlichen. Daher machten sich Vater und Pate mit den Jahren immer wieder Sorgen und fragten sich, ob sie bei der unvorbereiteten Taufe nicht vielleicht etwas vergessen hätten. Sie beschlossen nun, dem Pastor den Fall nachträglich vorzutragen, um ihr Versehen gutmachen zu können. Freilich hatten sie kein reines Gewissen dabei, denn die kirchliche Taufhandlung war im Laufe der Zeit nicht nachgeholt worden. Schließlich kamen sie auf den Gedanken, dem geistlichen Herrn ein Kalb zum Geschenk zu machen, um ihn zu »begäuschen«.

Diesmal hatten sie bei ruhiger See eine gute Fahrt. In Wolgast gingen der Fischer und sein Bruder in das Haus des Pastors und berichteten ihm von ihrer Sorge, während der nunmehr zehnjährige Junge mit dem Kalb noch draußen blieb und wartete.

Der Pastor hörte sich alles genau an und fragte dann, in welcher Weise sie denn den Taufakt vorgenommen hätten.

»Tja, Herr Pastur«, antwortete der Fischer treuherzig, »wi hebben de lütt Kröt dreemal poor ordentliche Schütt Water äwer den Dätz gaten und dorbi seggt: Wi dööpen di im Namen des Vadders un des hilgen Geistes. Amen.«

»Aber wo bleibt denn der Sohn?« fragte der Geistliche erstaunt.

Mit Augenzwinkern und schlauem Lächeln sagte der Fischer: »De is all buten bi 't Kalf!« *(Der ist draußen bei dem Kalb.)*

Der Riese Balderich

Vor langer Zeit soll auf Rügen ein gewaltiger Riese mit Namen Balderich gelebt haben. Von ihm wird ein wundersames Kraftstück erzählt.

Er stand einmal auf dem Tannenberg bei Putbus und schaute zu, wie die Menschen in Vilmnitz, eine halbe Meile von Putbus entfernt, eine Kirche bauten.

Da sprach er bei sich: »Laß die Würmer ihren Ameisenhaufen nur aufbauen, den werfe ich nieder, wenn er fertig ist!«

Als nun Kirche und Turm erbaut waren, nahm der Riese einen mächtigen Stein und schleuderte ihn vom Tannenberg mit so ungeheurer Kraft hinab, daß er wohl eine Viertelmeile über die Kirche hinwegflog und bei Nadelitz niederfiel.

Dort liegt er noch heutigen Tages an dem Weg, der nach Posewald führt, und wird der Riesenstein genannt.

Ein andermal verdroß es den Riesen gar sehr, daß das Land, in dem er wohnte, eine Insel war. Er mußte immer durch das Meer waten, wenn er auf das Festland wollte.

So band er sich eines Tages eine große Schürze um die Hüften und füllte sie mit Erde. Damit wollte er einen Damm errichten, von der Insel bis zur Küste.

Als er mit seiner Last in die Nähe von Rambin kam, riß ein Loch in die Schürze, und aus der Erde, die herausfiel, wurden die neun Berge.

Der Riese stopfte das Loch zu und ging weiter. Als er bei Gustow angekommen war, zerriß die Schürze wieder, und es fielen dreizehn kleine Berge heraus.

Mit der übrigen Erde kam er schließlich bis ans Meer und schüttete sie hinein. Da entstanden der Prosnitzer Haken und die kleine Halbinsel Drigge, aber noch immer blieb ein Zwischenraum bis zum Festland. Als der Riese das sah, ärgerte er sich darüber so sehr, daß er vom Schlag getroffen wurde und tot hinstürzte.

Deshalb ist dieser Damm nie fertig geworden und Rügen eine Insel geblieben.

Die sieben bunten Mäuse

Hinter dem Dumsevitzer Feld, nicht weit von der Stadt Garz entfernt, ist ein kleiner Busch, wo hohe Eichen stehen. Dort spiegelt sich auch ein kleiner Teich, und ein großer runder Stein liegt dicht dabei.

Was erzählt uns die Sage davon?

Vor langer Zeit wohnte in Puddemin ein Bauer, der hatte eine schöne und gütige Frau. Sie gab den Armen, wenn sie vor ihre Tür kamen, und war eine freundliche und mitleidige Seele. Alle Leute im Dorf und in der Umgegend hatten sie gern.

Diese Frau hatte sieben hübsche, muntere Kinder, lauter Mädchen, das älteste war zwölf, das jüngste zwei Jahre alt. Sie gingen gleich gekleidet, mit bunten Röckchen, bunten Schürzen und roten Mützen. Schuhe und Strümpfe hatten sie nicht an, das hätte zuviel gekostet, darum gingen alle barfuß. Die Mutter hielt sie nett und reinlich, wusch und kämmte sie, und jedes hatte ein schönes Bett. Auch lehrte sie die Mädchen lesen und singen und erzog sie in Freundlichkeit und Liebe.

Wenn die Frau auf dem Feld arbeiten mußte oder zu Besorgungen unterwegs war, mußte Barbara, die Älteste, auf die andern achtgeben und mit ihnen spielen. Wurden sie übermütig, las sie ihnen Geschichten vor, dann war die kleine Schar mäuschenstill.

An einem hohen Feiertag, es war der Karfreitag, ging die Bauersfrau mit ihrem Mann zur Kirche und ermahnte die Kinder zur Ruhe. Der Barbara und den nächst älteren Mädchen gab sie auf, einige Lieder aus dem Gesangbuch auswendig zu lernen. Dann gingen die Bauersleute fort.

Anfangs waren die Kinder ruhig. Die älteren lasen in dem Gesangbuch, und die kleinen saßen auf dem Boden und spielten. Da erblickte eines der Kinder etwas hinter dem Ofen und rief: »O seht! Seht! Was ist das für ein schöner weißer Beutel?«

Es war ein Beutel mit Äpfeln und Nüssen, den die Mutter am Morgen dort hingehängt hatte und am Nachmittag einem ihrer Patenkinder bringen wollte.

Die Kinder sprangen auf und guckten nach, und Barbara stand auf und guckte mit. Die Kinder flüsterten, sie sprachen dies und das über den weißen Beutel und was wohl darin sein mochte.

Es gelüstete sie so sehr, das zu wissen, daß eines den Beutel vom Nagel riß. Barbara öffnete die Schnur, womit er zugebunden war, und siehe da – Äpfel und Nüsse fielen heraus. Als die Kinder Äpfel und Nüsse über den Boden hinrollen sahen, vergaßen sie alles, was die Mutter ihnen befohlen hatte. Sie setzten sich hin, schmausten die Äpfel, knackten die Nüsse und aßen alles auf.

Als die Eltern mittags nach Hause kamen, sah die Mutter die Nußschalen auf dem Boden liegen. Sie schaute nach dem Beutel und fand ihn nicht mehr hinter dem Ofen. Da wurde sie so zornig und böse wie noch nie in ihrem Leben. Sie schalt die Kinder heftig und rief: »Der Blitz! Ich wollte, daß ihr Mausemärten alle zu Mäusen würdet!«

Dieser schlimme Wunsch sollte sich auf der Stelle erfüllen, vielleicht weil er am Karfreitag ausgesprochen wurde. Kaum hatte die Frau diese Worte gesagt, waren alle sieben Kinder fort, als hätte sie der Wind weggeblasen, und sieben bunte Mäuse liefen in der Stube herum, mit roten Köpfchen, wie die Mützen der Kinder gewesen waren. Vater und Mutter waren starr vor Schreck.

Da öffnete der Knecht die Tür und trat herein. Im selben Augenblick liefen alle sieben Mäuse hinaus, über den Flur, über den Hof – – –

Als die Mutter das sah, konnte sie sich nicht mehr halten, es war ihr, als wären die Mäuse ihre Kinder gewesen. Sie stürzte hinaus und eilte ihnen nach.

Die sieben bunten Mäuse liefen den Weg entlang aus dem Dorf hinaus, über das Puddeminer Feld, immer weiter, über das Schoritzer Feld, durch einen kleinen Wald, die Krewe, und über die Dumsevitzer Koppel.

Die Mutter lief ihnen atemlos hinterher. Sie konnte weder schreien noch weinen und wußte nicht mehr, was sie tat.

So liefen die Mäuse über das Dumsevitzer Feld in einen kleinen Busch mit Eichen hinein, wo in der Mitte ein spiegelheller Teich lag. Dort machten sie halt und sahen sich um, und die Bauersfrau stand dicht bei ihnen. Es war, als wollten sie Abschied nehmen, dann sprangen alle sieben bunten Mäuse in den Teich. Sie schwammen aber nicht, sondern versanken gleich in der Tiefe.

Es war heller Mittag, als dies geschah. Die Mutter blieb stehen und sah den Mäusen nach. Sie rührte keine Hand und keinen Fuß, sie war kein Mensch mehr. Sie erstarrte zu einem Stein …

Das ist der große runde Stein, der noch heute an dem Teich liegt.

Was aber geschah danach?

Wenn die Uhr Mitternacht schlägt und alles schläft und still ist, kommen die sieben bunten Mäuse aus dem Teich heraus und tanzen eine ganze Stunde um den Stein herum. Dann klingt der Stein, als könne er sprechen. Dies ist die einzige Zeit, da die Kinder und die Mutter sich verstehen können und voneinander wissen, die übrige Zeit sind sie wie tot.

Die Mäuse singen ein seltsames Lied, darin heißt es, daß sie wieder in Menschen verwandelt werden können:

»Herut! Herut!
Du junge Brut!
Din Brüdegam schall kamen;
Se hebben di
Doch gar to früh
Din junges Leben namen.

Sitt de recht up'n Steen,
Watt he Flesch un Been,
Un wi gan mit dem Kranze:
Säven Junggesell'n
Uns führen schäl'n
Juchhe! to'm Hochtidsdanze.«

So singen die Mäuse und tanzen nun schon viele Jahre um den großen Stein, und nur auf diese Weise können sie wieder zu Menschen werden: Es muß eine Frau sein, in demselben Alter wie die Bäuerin, als sie aus der Kirche kam, und sie muß sieben Söhne haben, gerade so alt, wie die sieben kleinen Mädchen waren. Sind sie aber älter oder jünger, dann geht es nicht mehr.

Die Frau muß an einem Karfreitag, gerade um die Mittagszeit, als die Bauersfrau zu Stein wurde, in den Busch kommen und sich auf den großen Stein setzen.

Dann wird der Stein lebendig, und die Bauersfrau steht da, leibhaftig, in denselben Kleidern, die sie getragen hat, als sie den Mäusen nachlief. Die sieben bunten Mäuse kommen aus dem Teich und werden zu sieben kleinen Mädchen in bunten Röcken mit roten Mützen auf dem Kopf. Jedes Mädchen geht zu dem Knaben hin, der ebenso alt ist, und gibt ihm die Hand.

Wenn sie groß geworden sind, werden sie Braut und Bräutigam, halten alle an einem Tag Hochzeit und tanzen ihre Kränze ab. Es sollen die schönsten und glücklichsten Paare werden auf der ganzen Insel Rügen.

Aber wann wird das geschehen, wann werden sie wieder Menschen sein? Niemand weiß es zu sagen.

So liegt denn noch immer der große runde Stein am Teich, im kleinen Busch, wo die Eichen stehen, hinter dem Dumsevitzer Feld, und bis heute heißt dieser Ort der Mäusewinkel.

Der Schatz im Garzer Burgwall

Vor vielen Jahren, als die Stadt Garz noch Charenza hieß, standen dort ein Schloß und ein Tempel, wo die Ranen, die in alter Zeit Rügen bewohnten, ihre Götter anbeteten. Das Schloß wurde später von den Christen erobert und der Tempel mit den Standbildern der Slawengötter verbrannt.

Nun ist nichts mehr übrig davon als der alte Wall über dem Garzer See. Aus dem Wasser aber soll man es nachts des öfteren klingen hören, als würden unten Glocken geläutet. Es heißt, daß dort das Heiligtum versunken sei.

Als das Schloß von den Christen angegriffen wurde und die Belagerten in großer Not waren, als schon einige Türme zerstört und viele Insassen elend verhungert waren, befand sich im Schloß noch ein alter eisgrauer Mann. Er war der Vater des Königs, der im Kampf mit anderen tapferen Männern den Tod gefunden hatte.

Da keinerlei Aussicht auf Rettung bestand, begab sich der Greis, der nicht mehr recht sehen und hören konnte, in einen Saal, der tief unter der Erde aus bunten Marmelsteinen und Kristallen gebaut war. Dort wurden unermeßliche Schätze aufbewahrt, Gold und Edelsteine – alles, was vom König und seinen Vorfahren im Laufe der Zeit zusammengetragen worden war. Der alte Mann kannte keine größere Lust, als in den Haufen von Gold und Diamanten zu wühlen.

Niemand sollte ihn hier finden! Nichts sollte den Feinden in die Hände fallen von dem, was seine Vorväter auf ruhmreichen Feldzügen erbeutet hatten!

So begann der Alte den Zugang zum Saal zu vermauern. Nur einen schmalen unterirdischen Gang ließ er offen, der über hundert Stufen tiefer als das Schloß lag und jenseits des Sees ins Freie führte. Er allein kannte diesen Gang. Dort konnte er hinausgelangen, um sich bei den Menschen Speise und Trank zu kaufen.

Als Schloß und Tempel zerstört waren und kein Stein mehr auf dem andern lag, wurde der Eingang zur Goldkammer verschüttet. Niemand wußte, wo der König seine Schätze aufbewahrt hatte, denn alle Männer und Frauen, die sich im Schloß tapfer zur Wehr gesetzt hatten, waren getötet worden.

Der alte eisgraue Mann saß unten und hielt den verborgenen Gang offen – viele hundert Jahre soll er gelebt haben. Man sagt, daß die Menschen, die ihr Herz übermäßig an Gold und irdische Schätze hängen, nicht sterben können, mögen sie den Tod auch noch sosehr herbeisehnen.

Der Alte lebte also viele, viele Jahre und mußte seine Schätze bewachen, bis er ganz dürr und trocken war wie ein Totengerippe. Da ist er denn endlich gestorben. Er hat aber keine Ruhe gefunden, sondern ist zur Strafe für seine Habgier verwandelt worden und muß weiterhin als schwarzer magerer Hund bei den Goldhaufen liegen und sie bewachen.

Des Nachts jedoch, zwischen zwölf und eins, muß er umhergehen als ein altes graues Männlein, mit einer schwarzen Pudelmütze auf dem Kopf und einem weißen Stock in der Hand. Oft haben ihn Leute so gesehen, im Garzer Holz am Weg nach Poseritz. Zuweilen geht er auch beim Kirchhof um, denn dort sollen Ranengräber sein, und die Ranen, die slawischen Bewohner Rügens, haben immer Gold und Silber mit in die Erde genommen. Das will er holen, kann es aber nicht bekommen, weil er die Kirchhofserde nicht betreten darf. Doch zieht es ihn immer wieder dorthin.

Der Schatz liegt indessen nicht für alle Zeiten drunten im Schloßwall. Eine reine Jungfrau aus einem alten Königsgeschlecht kann den Schatz heben. Sie muß den Mut haben, in der Johannisnacht ganz allein diesen Wall zu ersteigen und darauf rückwärts so lange hin und her zu gehen, bis es ihr gelingt, gerade die Stelle zu betreten, wo die Treppe verschüttet ist, die zu der Schatzkammer hinabführt. Sobald die Jungfrau ihren Fuß auf diese Stelle setzt, wird sie sanft hinuntersinken, sich plötzlich von Schätzen umgeben sehen und sich davon aussuchen können, was sie will. Bei Sonnenaufgang wird sie diese Stätte dann wieder verlassen müssen. Was sie nicht tragen kann, wird der alte Geist, der den Schatz bewacht, ihr nachtragen.

Viele Jahre waren seit der Eroberung und Zerstörung des Ranenschlosses vergangen. Die Fürsten von Rügen hatten nunmehr in Bergen ihren Wohnsitz. Inzwischen hatten sie auch das Christentum, den Glauben der Eroberer ihres Landes, angenommen. Einer der Herrscher hatte eine wunderschöne Tochter mit Namen Svanvithe. Sie war die schönste Prinzessin weit und breit, und es kamen Freier von nah und fern, die um sie warben. So viele Freier waren es, daß man kaum Platz hatte, sie unterzubringen, denn sie kamen mit Wagen und Pferden und brachten ihre Gefolgsleute mit.

Der König wäre froh gewesen, wenn die Prinzessin ihre Wahl getroffen hätte, doch sie blieb allein in ihrer Kammer und sagte auf alle Fragen, die an sie gerichtet wurden, kein Wort.

Da endlich begegnete ihr ein feiner und stattlicher Mann, Prinz Peter von Dänemarken, der ihr wohlgefiel und den sie gern zum Gemahl haben wollte. Sie schenkten einander die Ringe, und es war große Freude im ganzen Land, als verkündet wurde, daß die schöne Svanvithe Hochzeit halten sollte.

Alle Schneider und Schuhmacher hatten zu tun, denn viele kostbare Kleider und Schuhe waren bestellt worden. Sie sollten bei der Hochzeit getragen werden und mußten rechtzeitig fertig sein.

Da nun alles voll Zuversicht und Glück war – nur noch wenige Tage, und das Hochzeitsfest war da, die ganze Insel Rügen grünte und hatte ihr schönstes Blütenkleid angelegt –, sah der Böse seinen Augenblick gekommen und begann Zwietracht zu säen.

An des Königs Hof war unter den Prinzen, die als Freiersleute gekommen waren, ein hinterlistiger und schlechter Mensch, der aber schön von Gestalt war. Er hatte einige Male um Svanvithe geworben, sie hatte immer nein gesagt, denn sie spürte eine starke Abneigung gegen ihn.

Als dieser Prinz sah, daß es wirklich eine Hochzeit werden sollte und Peter von Dänemarken zum Treuliebsten der schönen Svanvithe erkoren war, sann er, enttäuscht und ergrimmt zugleich, auf Rache. So erzählte er dem König und allen Leuten am Hofe, Svanvithe sei keine züchtige Prinzessin und habe schon manche Nacht bei ihm zugebracht.

Herr Peter von Dänemarken glaubte alles, was ihm erzählt wurde, und reiste kurzerhand ab. Als der Verleumder seinen Zweck erreicht sah, verließ auch er die Fürstenburg, und schließlich bereiteten alle anderen Prinzen und Hochzeitsgäste ebenfalls ihre Heimreise vor. Bald lag die Stadt Bergen wieder einsam da, nachdem die Pfeifer und Saitenspieler, die sich für das Hochzeitsfest gerüstet hatten, fortgezogen waren und mit ihnen alle Freude und Fröhlichkeit.

Die Schande der armen Prinzessin verbreitete sich im ganzen Land, und auch in Dänemark wurde erzählt, weshalb sich die Hochzeit zerschlagen hatte.

In Wahrheit war Svanvithe rein und unschuldig wie ein Kind. Ihr Vater, der König, war nach diesem Geschehen wie von Sinnen, und er hätte sich fast ein Leid angetan wegen seiner Tochter und der Schande, die sie – wie er glaubte – über das Königshaus gebracht hatte.

Als er sich wieder besann und seine Lage bedachte, in die er durch seine Tochter geraten war, da ergrimmte er in seinem Herzen. Er ließ Svanvithe holen, und als sie in ihrer Schönheit vor ihm stand, wurde er noch wütender, schlug sie, zerraufte ihr Haar und stieß sie voll Verachtung von sich. Dann befahl er den Dienern, seine Tochter in ein verborgenes Gemach zu führen, denn sie sollte ihm nie wieder unter die Augen kommen.

Schließlich ließ der König in einem von starken Mauern eingeschlossenen und von dunklen Bäumen beschatteten Garten einen düsteren Turm bauen, in den weder Sonne noch Mond hineinschienen. In das finstere Verlies dieses Turms ließ er die Prinzessin bringen, und sie mußte dort auf harter Erde liegen, denn weder Bett noch Tisch oder Bank befanden sich in dem traurigen Gefängnis. Durch ein Loch in der Tür wurden ihr die Speisen gereicht.

Svanvithe hätte sterben mögen vor Jammer, hätte sie nicht gewußt, daß sie unschuldig war. Sie war noch jung, als ihr diese Schmach angetan wurde, gerade sechzehn Jahre alt, und schön wie eine Rose war sie und weiß wie eine Lilie, und sollte jämmerlich verwelken in der einsamen Finsternis!

Die Prinzessin lebte wohl drei Jahre so in dem kalten Steinverlies. Auch der alte König war nicht mehr froh seit jenem Tag der Schande. Vor Gram war sein Haar schneeweiß geworden, doch vor den Leuten trug er eine stolze und ungebeugte Haltung zur Schau und ging hoch aufgerichtet einher. Er tat, als sei seine Tochter tot und begraben.

Sie aber saß in ihrem Elend und tröstete sich allein mit dem Gedanken, daß ihre Unschuld doch einmal an den Tag kommen müsse. In ihrer Einsamkeit hatte sie viel Zeit, mancherlei zu bedenken. Eines Tages kam ihr die Sage von dem Königsschatz unter dem Garzer Wall in den Sinn, die sie in ihrer Kindheit gehört hatte. Nur eine reine Jungfrau aus altem Königsgeschlecht, hieß es darin, könne den Schatz erlangen …

Bald war ihr Entschluß gefaßt. Allen Menschen, besonders ihrem Vater, wollte sie nunmehr den Beweis ihrer Unschuld geben!

Als der Wächter kam und ihr die Speise durch das Loch reichte, sprach sie eindringlich zu ihm: »Lieber Mann, gehet gleich zum König, meinem und euerm Herrn, und saget ihm, daß seine Tochter ihn noch ein einziges Mal in ihrem Leben zu sehen und zu sprechen wünsche, und er möge ihr diese letzte Gunst nicht versagen.«

Der Wächter war von Svanvithes Flehen tief ergriffen. Er lief, so schnell er konnte, und hoffte, der alte König werde ihre Bitte erhören. Wie ihn, den Wächter, rührte Svanvithes trauriges Los viele

Menschen, denn gegen jedermann war sie immer freundlich und gut gewesen. Viele hatten von Anfang an geglaubt, daß sie fälschlich beschuldigt sei und der abgewiesene Freier sie verleumdet habe. Doch gegen die Aussagen des Prinzen waren sie machtlos gewesen.

Der Wächter trat vor den König hin und brachte ihm die Bitte der Prinzessin vor. Da ward der alte Herr unwillig, er schalt seinen Bediensteten und drohte, ihn selbst in den Turm werfen zu lassen, sollte er den Namen der Prinzessin jemals wieder vor ihm aussprechen. Der erschrockene Wächter ging traurig fort.

In der folgenden Nacht hatte der König einen sonderbaren Traum, und als er früh erwachte, war er unruhig. Er befragte seine Ratgeber, aber keiner wußte den Traum zu deuten. Gerade jetzt mußte der König immer wieder an seine Tochter denken, und nachdem er die Gedanken einige Male von sich geschoben hatte, befahl er schließlich doch, sie zu holen.

Bleich und abgemagert war Svanvithe, als sie vor den König trat, und ihre Kleider und Schuhe waren zerrissen. Sie sah der Tochter eines Bettlers ähnlicher als einer Königstochter.

Bei ihrem Anblick wurde der alte König weiß wie der Kalk an der Wand. Er ließ sich jedoch nichts anmerken, und seine Miene blieb undurchdringlich.

Svanvithe verneigte sich und begann zu sprechen. Sie beschwor den König bei dem Andenken ihrer Mutter, er solle ihr den Beweis für ihre Unschuld erlauben. »Ihr wißt«, sagte sie, »es geht die Sage, unter dem Schloßwall zu Garz, wo unsere Vorfahren gewohnt haben, liege ein Schatz vergraben, den nur eine reine Jungfrau bekommen kann. Diesen Schatz will ich Euch bringen. Ich bin ja doch einer Toten gleich, und ob ich hier oder tief unter dem Wall begraben bin, kann Euch einerlei sein.«

Sie wollte weiter sprechen, konnte aber nur noch schluchzen und weinen. Der König winkte dem Wächter, und alsbald kamen Dienerinnen und trugen Svanvithe in ein Gemach, wo man ihr Speise und Trank reichte. Dann wurde ihr ein Bad bereitet, und man brachte ihr Kleider. Der König sandte ihr die Botschaft, daß er ihrer mitternächtlichen Fahrt zustimme.

Obwohl Svanvithe auch jetzt einsam war, denn Dienern und Dienerinnen blieb das Sprechen mit ihr weiterhin verboten, erholte sie sich, und ihre Schönheit begann wieder aufzublühen.

Als vierzig Tage vergangen waren und der Tag vor Johannis herangekommen war, begab sich Svanvithe in das Gemach des Königs und sagte ihm Lebewohl. Der König neigte seinen weißen Kopf, als er sie sah, und weinte. Sie sank vor ihm hin und umfaßte seine Knie. Dann ging sie hinaus und verkleidete sich, um unterwegs nicht erkannt zu werden.

Der Weg von Bergen nach Garz war nicht weit. Als es vom Garzer Kirchturm Mitternacht schlug, betrat Svanvithe den in völliger Einsamkeit daliegenden Wall und nahm eine Johannisrute in die

Hand. Dann tappte sie stumm rücklings auf dem Wall entlang, ganz wie es geschehen sollte.

Sie war noch nicht lange so dahingeschritten, da tat sich die Erde unter ihren Füßen auf, und sie glitt sanft hinunter. Sie gelangte in ein großes, hell erleuchtetes Gemach, dessen Wände vor Marmor und Spiegeln blitzten und auf dessen Boden ganze Haufen Gold, Silber und Edelsteine hingeschüttet waren.

Svanvithe war wie geblendet von all dem Glanz. Das waren nun die Schätze und Kostbarkeiten ihrer Ahnherren aus vergangenen Jahrhunderten!

In der hintersten Ecke gewahrte sie das eisgraue Männlein. Es saß in einem Lehnstuhl und winkte ihr freundlich, als wolle es die Urenkelin begrüßen und mit ihr sprechen. Aber Svanvithe gedachte der Bedingungen, die zu erfüllen waren, um in den Besitz des Schatzes zu gelangen, und kein Wort kam über ihre Lippen. Sie nickte dem Männlein nur grüßend zu.

Da verschwand der Geist, und es näherte sich eine lange Reihe prächtig gekleideter Männer und Frauen in alten Gewändern, die sich in stummer Ehrfurcht vor ihr verneigten und dann hinter sie stellten, als erwarteten sie den Befehl ihrer Herrin.

Svanvithe bedachte, wie kurz eine Mittsommernacht ist, und säumte nicht lange. Schnell nahm sie einige Hände voll Gold und Edelsteine auf und winkte den Männern und Frauen, ein Gleiches zu tun, und auch diese füllten die Taschen ihrer Kleider. Edle Geschirre tragend, schritten sie auf einen erneuten Wink ihrer Gebieterin in langer Reihe der Treppe zu. Svanvithe führte den Zug hinauf.

Schon hatten sie viele Stufen hinter sich. Svanvithe sah in der Ferne das dämmernde Morgenlicht, sie hörte die Vögel singen und den Hahnenschrei, der den anbrechenden Tag verkündete. Da war ihr bange, ob die Männer und Frauen mit den Schätzen auch nachkämen. Nur einen Augenblick vergaß sie, was zur Erfüllung der Bedingungen notwendig war: Sie blickte sich um.

Damit wurde alles zunichte. Svanvithe sah weit hinter sich den kleinen grauen Mann, der sich während ihres Umwendens schnell in einen großen schwarzen Hund verwandelte und auch sofort heran war. Mit feurigem Rachen und funkelnden Augen sprang das fürchterliche Tier an ihr hinauf.

Svanvithe war zu Tode erschrocken und stieß einen lauten Schrei aus. Sogleich schlug die Tür über ihr mit lautem Knall zu, die lange Treppe versank und alle Menschen darauf mit ihr.

Ungeduldig wartete der alte König auf die Rückkehr seiner Tochter, um endlich die Gewißheit ihrer Unschuld zu erhalten. Als Svanvithe nicht kam, grämte er sich über alle Maßen, denn er glaubte, sie sei entweder beim Hinabsteigen in die unterirdische Goldkammer durch die Tücke böser Geister umgekommen oder habe ihr Vorhaben schließlich doch nicht ausgeführt und laufe nun arm und verlassen durch die Welt.

Immer wieder gingen dem König quälende Gedanken durch den Kopf, bis er am Ende darüber ganz irre wurde und langsam dahinsiechte. Nur noch wenige Wochen nach dem Verschwinden seiner Tochter waren ihm vergönnt, dann schloß er die Augen für immer.

So kam es, daß er nicht erfahren hat, welches Unglück seiner Tochter geschehen war, weil sie sich umgesehen und dann laut geschrien hatte. Wenn es soweit ist, hat man über die Unterirdischen keine Gewalt mehr, und die Leute können manche Beispiele von unglücklichen Schatzsuchern erzählen, die sich umgeblickt und dann einen Laut von sich gegeben haben und die man nie wieder gesehen hat.

Jahre waren vergangen. Alle Menschen waren gestorben, die zur Zeit des alten Königs und der schönen Svanvithe gelebt hatten. Da hörte man hin und wieder die Leute reden, die Prinzessin lebe noch, sie sitze unter dem Garzer Wall und müsse nun mit dem alten grauen Männlein die Schätze bewachen.

Kein Mensch wußte zu sagen, wie das oben bekanntgeworden war. Vielleicht hatte der kleine graue Mann, der manchmal umherging, es jemand verraten. Es wurde erzählt von dem Versinken der Prinzessin und daß sie in der Kammer sitze und auf Erlösung warte. Sie könne aber nur erlöst werden, wenn es einer auf dieselbe Weise wage, wie sie es einst in der Johannisnacht getan habe, er müsse also in die Schatzkammer hinabfallen. Dieser Mutige müsse sich dann vor ihr verneigen, ihr einen Kuß geben, sie still hinausführen und kein Wort dabei sprechen. Gelinge das, werde er mit ihr in Freuden und in Herrlichkeit leben, und das graue Männlein werde ihnen die Schätze zutragen.

Nun hat es wohl starke und mutige junge Burschen gegeben, die das unternommen haben und mit der Johannisrute in der Hand zu ihr hinabgekommen sind. Aber sie haben es immer irgendwie versehen, und Svanvithe ist noch nicht erlöst. Der greuliche schwarze Hund soll daran schuld sein. Keiner kann ihn ansehen, ohne aufzuschreien, und dann geht es rasend schnell: Die Tür schlägt zu, die Treppe versinkt, und alles ist wieder vorbei.

Vor mehr als hundert Jahren soll hier der letzte Freier versunken sein. Man sagt, es sei Joachim Fritz gewesen, ein Schuhmachergeselle, der gern auf dem Garzer Schloßwall spazierenging. Da war er eines Tages verschwunden. Überall ließen ihn seine Eltern und Freunde suchen, doch wurde er nie gefunden.

So muß nun die arme Svanvithe in ihrer Unschuld tief unten sitzen und das Gold hüten. Sie sitzt da, über das Gold geneigt, ihr schönes langes Haar hängt über die Schultern herab, und sie weint unaufhörlich. Schon sind sechs junge Burschen bei ihr, die auch den Schatz hüten müssen – die Schatzsucher, denen die Erlösung mißlang. Kommt aber einmal der Richtige und glückt ihm die Erlösung, dann wird er Svanvithe und die andern Gefangenen befreien, und der Freude wird kein Ende sein.

Der gläserne Schuh und der eiserne Pflug

Johann Wilde, ein Bauer aus Rothenkirchen, fand eines Tages auf einem der Hügel der Neun Berge bei Rambin, dort, wo die kleinen Unterirdischen früher des Nachts im Mondschein ihre Tänze aufführten, einen gläsernen Schuh. Er verbarg ihn in seiner Tasche und hielt die Hand darauf, als habe er eine Taube gefangen, wußte er doch, er hatte einen Schatz gefunden, den der Verlierer teuer zurückkaufen mußte.

Der Bauer war aber als listig und verschlagen bekannt, und keiner hatte gern mit ihm zu tun, weil er schon manchen betrogen hatte.

Um Mitternacht ging er zu den Neun Bergen und schrie aus vollem Halse: »Johann Wilde in Rothenkirchen hat einen schönen gläsernen Schuh! Wer kauft ihn?«

Er wußte, der Unterirdische, der einen Schuh verlor, mußte den Fuß so lange bloß lassen, bis er ihn wiederbekam. Das war keine Kleinigkeit, da die kleinen Leute dort unten auf hartem, steinigem Boden umhergehen mußten.

Der betreffende Zwerg säumte auch nicht, ihn einzulösen. Sobald er ans Tageslicht hinaus durfte, verkleidete er sich als Kaufmann, ging ins Dorf, klopfte an Johann Wildes Tür und fragte, ob ein gläserner Schuh zu verkaufen sei, denn diese Schuhe seien gerade eine begehrte Ware und daher auf den Märkten gesucht.

Der Bauer sagte, er habe einen solchen Schuh, der aber so klein sei, daß er nur an eines Zwergen Fuß passe. Doch sei dieser Schuh ein ganz seltenes Stück und ein teures dazu, und nicht jeder Kaufmann könne ihn bezahlen.

Der Kleine ließ sich den Schuh zeigen und sagte: »Es ist nichts gar so Seltenes mit gläsernen Schuhen, lieber Freund, wie Ihr hier in Rothenkirchen glaubt, weil Ihr nicht in die Welt hinauskommt. Aber ich will ihn gut bezahlen, da ich einen dazu passenden Schuh habe. Tausend Taler biete ich Euch!«

»Tausend Taler ist Geld, pflegte mein Vater zu sagen, wenn er fette Ochsen zu Markte trieb«, bemerkte der Bauer spöttisch zu diesem Angebot und fuhr fort: »Für den lumpigen Preis kommt der Schuh nicht aus meiner Hand, und er mag meinetwegen an dem Fuß von der Puppe meiner Tochter prangen. Hör Er, Freund, ich habe von dem gläsernen Schuh ein Liedchen singen hören, und leicht gebe ich ihn nicht her. Kann Er nicht die Kunst, mein lieber Mann, daß ich in jeder Furche, die ich aufpflüge, einen Dukaten finde, bleibt der Schuh mein.«

Der Kaufmann bemühte sich, ihn umzustimmen. Als er merkte, der Bauer ließ nicht nach, fügte er sich und versprach ihm einen Dukaten in jeder Ackerfurche.

Der Bauer glaubte ihm, denn er wußte sehr wohl, mit wem er es zu tun hatte. Endlich hatte der Zwerg seinen Schuh wieder und verließ das Haus.

Kaum war er fort, da lief der Bauer in den Stall, holte die Pferde heraus, dann den Pflug und zog aufs Feld. Dort suchte er sich ein Stück mit der kürzesten Wendung. Als der Pflug die erste Scholle aufbrach, sprang auch schon der Dukaten aus der Erde, und so geschah es bei jeder neuen Furche.

Nun nahm das Pflügen kein Ende mehr. Der Bauer hat sich bald acht neue Pferde gekauft und in den Stall gestellt zu denen, die er hatte, und er hat ihnen die Krippen mit gutem Hafer vollgeschüttet, damit er alle zwei Stunden zwei frische Pferde anschirren und desto rascher pflügen konnte.

Der Bauer ist unersättlich gewesen. Vor Sonnenaufgang hat er angefangen, und oft nach Mitternacht hat er noch gepflügt, immerzu, bis die Erde im Winter zu Stein gefror.

Er hat allein gepflügt und nicht geduldet, daß jemand mit ihm gegangen oder zu ihm gekommen ist, denn er wollte niemand sehen lassen, warum er ununterbrochen pflügte.

So ist Johann Wilde selbst viel geplagter gewesen als seine Pferde, die guten Hafer fraßen und oft ausgewechselt wurden. Bleich und mager ist er geworden von dem vielen Wachen und Arbeiten. Seine Frau und die Kinder haben keine Freude mehr an ihm gehabt. Auch in die Schenke ist er nicht mehr gegangen und hat kaum noch mit jemand ein Wort gesprochen, sondern ist meist stumm und in sich gekehrt dahingegangen. Am Tage hat er nur auf seine Dukaten gearbeitet, und des Nachts hat er sie gezählt und oft gegrübelt, wie er noch schneller pflügen könnte.

Seine Frau und die Nachbarn haben ihn bejammert wegen seines wunderlichen Tuns und seiner Schwermut. Sie glaubten, er sei närrisch geworden, und die Leute meinten, durch die vielen Pferde, die er hielt, und die verkehrte Ackerwirtschaft mit dem vielen Pflügen müsse er sich um Haus und Hof bringen.

Dazu ist es nicht gekommen, aber Johann Wilde hat keine gute Stunde mehr gehabt, als er so die Dukaten aus der Erde pflügte. Schließlich hat er es nicht mehr lange ausgehalten mit diesem Laufen in den Furchen am Tag und die halbe Nacht hindurch. Als der zweite Frühling kam, ist er einmal hinter dem Pflug hingefallen wie eine matte Fliege, vor lauter Golddurst vertrocknet und verwelkt.

Nach dem Tode Johann Wildes fand seine Frau einen Schatz: zwei große vernagelte Kisten voll blanker Dukaten, doch sie konnte des Reichtums nicht froh werden. Immer wieder sah sie ihren armen geplagten Mann vor sich und ahnte wohl, daß er wegen seiner Geldgier das Leben eingebüßt hatte.

*

Ein anderer Bauer soll es klüger angefangen haben als Johann Wilde, der am Gold zugrunde ging. Dieser Bauer wurde einmal Herr über einen der kleinen Schwarzen, die Kunstschmiede sind. Merkwürdig genug ist es dabei zugegangen.

Vor dem Feld des Bauern stand am Weg ein steinernes Kreuz. Als er eines Morgens an seine Arbeit gehen wollte, bemerkte er am Kreuz ein eigenartiges Tier, einen Wurm, der in der Sonne bunt schillerte. Verwundert blieb der Bauer stehen. Er konnte sich nicht erinnern, jemals so einen auffälligen Wurm gesehen zu haben. Das Tier war unruhig, es lief auf dem Kreuz hin und her, als sei es ängstlich und wolle fort.

Am nächsten Morgen sah der Bauer den Wurm wieder in derselben Unruhe hin und her laufen, und er dachte: Sollte es am Ende einer von den kleinen Hexenmeistern sein? Es geht bei dem Wurm wohl nicht mit rechten Dingen zu, er läuft wie einer, der ein böses Gewissen hat und weg will, aber nicht kann.

So kam der Bauer auf allerlei Gedanken, denn er hatte von seinem Vater und andern alten Leuten gehört, daß die Unterirdischen festgehalten werden und nicht von der Stelle können, wenn sie an ein Kreuz geraten. Dann dachte er wieder, vielleicht Unrecht zu tun, wenn er das Würmchen störte. Da ließ er es denn weiter auf dem Kreuz herumlaufen.

Als er es noch zweimal ebenso gefunden hatte, in derselben Unruhe hin und her laufend, sagte er sich: Nein, es ist nicht richtig, wie sich das Tierchen abmüht.

Er griff den Wurm, der sich wehrte und fest ans Kreuz klammerte. Der Bauer riß ihn mit Gewalt los und hielt zu seinem Schreck einen kleinen häßlichen schwarzen Kerl, sechs Daumen hoch, am Schopf, der erbärmlich schrie und heftig zappelte.

Den Bauern schauderte, doch er hielt seine Beute fest und sprach zu dem Kleinen, indem er ihn beruhigte: »Geduld, Geduld, mein Bürschchen, wir wollen dich einstweilen mitnehmen und sehen, wozu du gut bist!«

Dem kleinen Kerl schlotterten vor Angst die Glieder, er wimmerte zum Erbarmen und flehte den Bauern an, ihn loszulassen. Der Bauer aber sagte: »Nein, ich lasse dich erst gehen, wenn du mir sagst, wer du bist, wie du hierherkamst und was du für Künste beherrschst.«

Da grinste der kleine Schwarze, schüttelte den Kopf, sagte gar nichts und bat und flehte auch nicht mehr.

Nun mußte der Bauer anfangen zu bitten, um etwas aus ihm herauszulocken. Schließlich packte ihn die Wut, und er verprügelte das verstockte Kerlchen. Es nutzte alles nichts, der Kleine blieb stumm wie ein Grab. Diese Art der Unterirdischen war die eigensinnigste und tückischste.

Nur Geduld, dachte der Bauer. Es wäre töricht, sich über einen solchen Knirps zu ärgern. Man muß versuchen, anders mit ihm fertig zu werden.

Darum lief der Bauer flugs mit ihm nach Hause und steckte ihn in einen schwarzen, rußigen Kessel, legte den Deckel drauf und beschwerte ihn mit einem großen Stein. Den Kessel stellte er in eine kalte dunkle Kammer und sprach: »Steh nun hier und friere, am Ende wirst du mir alles sagen.«

In jeder Woche ging der Bauer zweimal in die Kammer und fragte seinen Gefangenen, ob er antworten wolle, aber der Kleine blieb stumm. Sechs Wochen lang hatte der Bauer vergeblich gefragt, da kroch der Kleine zu Kreuze. Als der Bauer wieder die Kammertür öffnete, rief der Zwerg von selbst, er möge kommen und ihn aus dem garstigen Kerker nehmen. Er wolle jetzt alles tun, was von ihm verlangt werde.

Der Bauer gebot ihm, zuerst zu erzählen, wie er an das Kreuz gekommen sei. Der kleine Schwarze antwortete: »Das weißt du so gut wie ich, sonst hättest du mich nicht hier. Ich bin dem Kreuz zu nahe gekommen, und das dürfen wir nicht. Da wurde ich daran festgehalten und mußte als Wurm sichtbar werden. Du hast es erraten. Wir kommen nicht von selbst wieder los, es sei denn, ein Mensch nähme uns weg. Das geht nie ohne Not und Plage ab. Darum habe ich mich gegen dich gewehrt. Wir haben ein Grauen, uns von Menschenhänden anfassen zu lassen.«

»Na, da kommst du mir aber recht, also ein Grauen spürst du?« rief der Bauer. »Glaube mir, ich habe es vor dir auch, mein Bürschchen, und deshalb sollst du geschwind fortgehen. Wir wollen unsern Handel kurz miteinander abmachen, aber erst mußt du mir was schenken.«

»Was du willst, begehre nur!« sprach der Kleine schnell. »Silber, Gold, Edelsteine – alles soll im Augenblick dein eigen sein!«

»Solche blanke Herrlichkeiten will ich nicht«, entgegnete der Bauer. »Die haben schon manchem das Herz verschoben und den Hals gebrochen, und die wenigsten werden darüber des Lebens froh. Ich weiß, ihr seid kunstfertige Schmiede und habt manches für euch, was andere Schmiede nicht wissen. So wünsche ich mir, daß du einen eisernen Pflug schmiedest, den das kleinste Füllen ziehen kann, ohne müde zu werden.«

Der kleine Schwarze versprach es auf der Stelle. Da meinte der Bauer: »Nun gut, du bist frei!« Der Kleine lief auch gleich davon.

Am andern Morgen, noch ehe die Sonne aufging, stand ein neuer Pflug auf dem Hof des Bauern. Um ihn zu probieren spannte er einen Hund davor, und wirklich zog das Tier den Pflug durch das schwerste Ackerland und riß mächtige Furchen.

Diesen eisernen Pflug hat der Bauer viele Jahre benutzt, und das kleinste Füllen und das magerste Pferdchen konnte ihn zur Verwunderung aller Leute durch den Acker ziehen, ohne in Schweiß zu geraten. Der Bauer hat ein lustiges, bequemes Leben dabei geführt.

Das schneeweiße Hühnchen

In Gurvitz, einer Ortschaft in der Nähe von Rambin, lebte ein armer Weber mit seiner Familie. Sein jüngstes Kind war ein achtjähriges Mädchen mit Namen Christine, ein hübsches und aufgewecktes Kind. Es lernte leicht lesen und schöne Lieder singen und war der Liebling aller.

Im Frühling und im Sommer spielte Christine am liebsten allein im Garten, denn sie liebte die Blumen und lauschte den Vögeln, die in den Büschen und Bäumen sangen. Auch mit ihnen spielte das Mädchen, ja, es unterhielt sich mit ihnen wie mit Menschenkindern. Wenn die Sonne untergegangen war, kam Christine heiter und fröhlich ins Haus zum Abendbrot.

Nun geschah es, daß das Kind einmal, als es abends aus dem Garten in die Stube kam, etwas in seinem Schürzchen trug. Niemand konnte sehen, was es war, Christine hielt die Schürze fest zu und ließ ihre Schwestern und Brüder raten. Sie konnten es sich nicht denken, selbst die Mutter wußte es nicht. Als niemand mehr raten wollte, öffnete Christine ihre Schürze und sagte: »Da – seht!«

Heraus fiel ein schneeweißes Küken mit einem bunten Büschel auf dem Kopf. Die Mutter wunderte sich und fragte Christine, woher sie es habe.

»Ich weiß nicht, wo es hergekommen ist«, antwortete das Mädchen. »Im Garten kam es zu mir, es hüpfte auf meinen Schoß und hat den ganzen Nachmittag mit mir gespielt. Als ich weggehen sollte, ist es mir nachgelaufen. Da habe ich es in meine Schürze genommen und mitgebracht. Ich konnte es doch nicht draußen lassen, es hätte in der Nacht gefroren, oder ein Iltis hätte es gefressen. Darum, du liebes schneeweißes Küklein, habe ich dich mitgenommen!« Mit diesen Worten nahm sie es wieder auf, herzte und küßte es und legte es an ihr Herz. »Sei nur nicht bange! Du sollst es gut haben und bei mir schlafen.«

Die Mutter glaubte nicht recht, was Christine da erzählte, und meinte, das Küken müsse von einem Nachbarn zugelaufen sein. Doch das Kind blieb dabei und spielte und freute sich über das Tierchen.

Als Christine zu Bett ging, legte sie es auf ihre Brust. Das Küken breitete seine Flügel aus, als wolle es sie damit zudecken, und schlief die ganze Nacht bei ihr.

Am andern Morgen schickte die Mutter die größeren Kinder zu den Nachbarn und zu allen Leuten im Dorf und ließ fragen, ob jemand ein schneeweißes Küken mit einem bunten Büschel auf dem Kopf verloren habe. Alle ließen ihr sagen, schneeweiße Hühner hätten sie gar nicht, auch sei keinem ein Küken verlorengegangen.

Bei dieser Botschaft hüpfte und jubelte Christine vor Freude: Nun konnte sie ihr liebes Küken behalten! Auch die Mutter war froh, denn sie hatte befürchtet, ihr Kind hätte das Küken irgendwo mitgenommen.

Zwischen dem Mädchen und dem weißen Küken kam es bald zu einer solchen Freundschaft, daß es fast zuviel war. Christine wollte am liebsten überhaupt nicht mehr ohne das Küken sein. Schneeweißchen, so nannte sie es nun, hatte eine unglückliche Zeit, wenn Christine in die Schule mußte. Es lief dann unruhig hin und her, piepte und suchte und hätte sich oft beinahe die Seele ausgepiepst. Sobald es dann Christine kommen sah, drehte es sich auf seinen goldgelben Beinchen herum und flatterte ihr glücklich entgegen.

Am liebsten waren die beiden zusammen im Garten, wo Christine saß und las, zuweilen auch strickte, die Blumen goß und Unkraut zupfte. Unter einem alten Birnbaum lag ein breiter Stein. Darauf saß das Mädchen nun immer, weil sich Schneeweißchen am liebsten an dem Stein hinlegte, auf dem Boden scharrte und seine Flügel und Federn mit Erde bewarf.

Die Mutter schalt Christine oft, denn sie saß gar nicht mehr auf ihrer grünen Bank, die ihr Bruder gerade für sie angefertigt hatte. Die Antwort war, Schneeweißchen möge nun einmal so gern an dem Stein liegen, und wo das Tierchen sei, da müsse sie auch sein.

So lebten die beiden miteinander den ganzen Frühling und Sommer hindurch in enger Freundschaft. Das Küken brauchte nichts weiter als ein paar Brotkrümchen, die Christine ihm gern abgab. Im Sommer gab es draußen im Garten Futter für das Küken in Hülle und Fülle. Als aber der Herbst einzog und die Blätter von den Bäumen fielen und gar der Winter den Garten mit Schnee zudeckte, mußten die beiden Unzertrennlichen in die Stube ziehen und kamen in große Not.

An einem Tag nahm sich die Mutter das Mädchen vor und sagte: »Du bist immer ein gehorsames Mädchen und gutes Kind gewesen. Es tut mir darum leid, daß du dich von Schneeweißchen trennen mußt. Aber wir können es nicht den ganzen Winter über behalten. Es ist jetzt größer und muß Gerste und Brot bekommen, und das haben wir nicht übrig. Nun weine nicht, zieh dein Sonntagsröckchen an, nimm das Hühnchen unter den Arm und bringe es zu deiner Frau Patin in Rambin. Sie wird es pflegen, und bei ihr wird es bessere Tage haben als in unserm Häuschen.«

Als Christine das hörte, begann sie so bitterlich zu weinen, daß es der Mutter von Herzen leid tat. »Nein, Mutter«, rief das Kind unter Tränen, »das kann ich nicht tun. Wenn Schneeweißchen fort muß, mag ich auch nicht länger bleiben. Warum können wir das Hühnchen nicht behalten? Bald wird es groß sein und Eier legen!«

Der Mutter wurde das Herz schwer, und schließlich lenkte sie ein. »Also gut, behalte deinen Liebling. Vielleicht bleiben auch bei unserer Armut ein paar Krümchen für ihn übrig.«

So lebte das Tier in der Stube und auf dem Flur und war glücklich, wenn Christine bei ihm war, und auch des Nachts schlief es immer bei ihr. Oft lief es in den Garten zum Stein, wo es sich im Sommer sein Bett zurechtgemacht hatte.

Als nach Weihnachten die Tage länger wurden, legte Schneeweißchen das erste Ei, und Christine brachte es mit Freude ihrer Mutter. Nun legte das Tier jeden Tag ein Ei, manchmal auch zwei, und das sieben Jahre lang, solange es lebte. Es war ein rechter Segen für die Familie.

Christine war inzwischen größer geworden. Sie mußte im Wald die Kühe hüten und auf dem Feld arbeiten. Das Hühnchen war immer bei ihr. Es ging oder flog mit, aber gewöhnlich trug es Christine auf dem Arm – wie ein Jäger seinen Falken.

Natürlich wunderten sich die Leute im Dorf über die beiden und ihre sonderbare Freundschaft. Die alten Weiber steckten die Köpfe zusammen und flüsterten: »Ja, ja, wenn es nicht ein Huhn wäre und genau wie andere Hühner Eier legte, die ebenso aussehen und schmecken, könnte man auf wunderliche Gedanken kommen …«

Obwohl Christine und Schneeweißchen nicht mehr so oft zusammen im Garten sein konnten wie in den ersten Jahren, lief das Hühnchen häufig zum breiten Stein unter dem Birnbaum und scharrte. Auch Christine blieb die Stelle wegen der Erinnerungen an den Sommer lieb, da Schneeweißchen dort zu ihr gekommen war.

Als das Hühnchen sieben Jahre alt und Christine mit ihren fünfzehn Jahren schon ein großes, hübsches Mädchen war, bekam Schneeweißchen eines Tages trübe Augen. Es ließ die Flügel hängen und mochte nur noch wenig fressen. Christine war tief betrübt und streichelte und pflegte es, so gut sie konnte. Doch vergeblich – eines Morgens lag Schneeweißchen tot da. Christine fand es an dem Stein unter dem Birnbaum, wo es sich immer gern aufgehalten hatte. Große Trauer war im Häuschen, denn nun, da das Hühnchen tot war, lobten sie es alle.

Christine nahm es traurig auf den Arm und sprach: »O du mein liebes Schneeweißchen, nun sollst du schön begraben werden und dort schlafen, wo du am liebsten gewesen bist und dir im Sommer dein kühles Bett gescharrt hast. Die schönsten Blumen will ich auf dein Grab pflanzen.«

Christine ging mit der Mutter zu dem breiten Stein, wo Schneeweißchen ruhen sollte. Beim Graben stieß Christine bald auf etwas Hartes und fragte: »Mutter, sieh mal, was ist denn das?«

Auch die Mutter traf gerade mit dem Spaten darauf. Sie räumten die Erde hinweg und fanden einen Kasten. Nun arbeiteten sie von allen Seiten, schließlich konnten sie ihn herausheben. Er war aus Eichenholz und recht schwer.

Die Mutter rief: »Du lieber Gott, wenn das ein Schatz wäre, dann hätte ihn dein Schneeweißchen für dich bestimmt! Wenn es deshalb hier soviel gekratzt und sich eingebuddelt haben sollte …«

»Ja, Mutter«, sagte Christine eifrig, »hier ist es ja damals zu mir gekommen!«

Nun setzten sie den schweren Kasten beiseite und machten das Grab fertig. Christine streute Blätter hinein, legte Schneeweißchen darauf und deckte es mit Blumen zu. Darüber kam ein kleiner Erdhügel, den sie auch mit Blumen bepflanzte.

Was aber mochte in dem Kasten sein? Christines Vater mußte sich lange abmühen, um ihn aufzubrechen. Schließlich gelang es, und ein kleiner Kasten aus Blech kam zum Vorschein, der dem Vater noch mehr zu schaffen machte. Als er ihn öffnen konnte, war er voll der schönsten blanken holländischen Dukaten.

Welche Freude war nun im Haus! Der Weber und seine Familie waren überglücklich, daß ihre Armut ein Ende hatte.

Die Mutter sprach: »Nun, Vater, hab ich nicht recht gehabt? Du hast mich immer ausgelacht, wenn ich sagte, es müsse mit Christine und Schneeweißchen etwas Besonderes auf sich haben, so eine Heimlichkeit, die wir nicht verstehen. Siehst du, jetzt wird diese Heimlichkeit von der Sonne beschienen!«

Als sie sich genug gewundert und gefreut hatten, sagte der Vater zu Christine: »Eigentlich ist das alles dein, denn Schneeweißchen ist als unbekannter Gast zu dir gekommen und hat sieben Jahre bei dir gewohnt, damit es dir den Schatz weise, und du wolltest es auch an dieser Stelle begraben. Nun bist du ein reiches Mädchen!«

Doch Christine entschied: »Was sprecht ihr da, Vater? Der Schatz soll uns allen gehören, und wir wollen zusammen darüber glücklich sein.«

Der Klabautermann

Wie man auf Rügen erzählte, war der Klabautermann ein kleiner Kerl mit großem Kopf. Er hatte helle Augen und ganz feine Hände. Kurz vor dem Stapellauf eines Schiffes, wenn die letzte Planke festgeschlagen worden war, ging er an Bord und war dann der hilfreiche Schutzgeist des Schiffes und der ganzen Mannschaft.

So bekam einmal ein Schiff im Sturm ein Leck, doch der Klabautermann hielt die losgerissene Seitenplanke fest, und das Wasser konnte nicht eindringen. Auf einem andern Schiff stützte der Klabautermann sogar mit übermenschlicher Kraft den Großmast, der im Sturm zersplittert war, bis das Schiff den Hafen erreichte.

Auch die Zukunft konnte der Klabautermann erkennen. Er wußte also, wenn dem Schiff Unheil drohte, und brachte sich dann rechtzeitig in Sicherheit. Manchmal nahm er einen Mann von der Besatzung mit, der gut zu ihm gewesen war. Der Klabautermann ließ sich nicht leicht sehen, doch die Seefahrer konnten bezeugen, daß es ihn wahrhaftig gegeben hat.

Sein bester Freund war meistens der Schiffszimmermann, dem er half, wo er nur konnte. Oft holte er sich das Werkzeug des Zimmermanns und arbeitete die ganze Nacht hindurch.

So war es auch auf einem großen Hamburger Dreimaster, auf dem ein Zimmermann aus Mönchgut fuhr. Das Schiff lag im Hafen von Plymouth, und alles wurde klargemacht zur Fahrt nach Amerika.

Am letzten Abend vor dem Auslaufen ging der Zimmermann noch einmal an Land. Es wurde spät, und er kehrte als letzter zurück. Als er über die Reling stieg, kam ihm ein kleiner Mann mit einem großen Bündel auf dem Rücken entgegen. Er kannte ihn wohl, es war sein treuer Helfer, der Klabautermann. Schon oft hatte er das Kerlchen gesehen und sich mit ihm unterhalten, er war ja ebenso lange wie er selbst auf dem Schiff. Nun sah er den Klabautermann reisefertig vor sich stehen und fragte ihn erstaunt: »Nanu, Kleiner, willst du fort? Hat dir einer was getan?«

»Nein, Zimmermann, mir hat keiner was getan«, antwortete der Klabautermann, »aber – wenn dir dein Leben lieb ist, dann komm mit!«

»Was, ich soll mein Schiff im Stich lassen?«

Geheimnisvoll flüsterte der Kleine: »Komm mit, du wirst sehen, das Schiff erreicht nicht sein Ziel. Es geht unter mit Mann und Maus!«

Der Zimmermann dachte mit Schaudern an seine Kameraden und wollte sie schnell wecken, doch der Klabautermann ließ es nicht zu und zog ihn mit sich von Bord.

Es war klug von dem Zimmermann gewesen, seinem Schutzgeist zu folgen. Der Dreimaster lief aus, und bis zum heutigen Tag ist er nicht wieder gesehen worden.

Schipp in Sicht!

Früher sollen die Rügener als üble Strandräuber bekannt gewesen sein. Nicht nur, daß sie im Sturm gestrandete Schiffe regelrecht ausplünderten, nein, sie verstanden sich auch darauf, vorüberfahrende Schiffe durch falsche Zeichen so irrezuleiten, daß sie auf Grund liefen und ihnen die Ladung eine leichte Beute wurde. Auf diesen rohen Sitten in längst vergangenen Zeiten beruht eine Geschichte, die damals an der pommerschen Küste erzählt wurde.

Ein Stralsunder war gestorben. An der Himmelstür klopfte er an und bat um Einlaß. Petrus wollte erst wissen, wer er sei und woher er komme.

»Ick bin ut Stralsund un mücht girn in'n Himmel rin.«

Petrus: »Das glaub ich wohl. Aber daraus wird nichts. Denn Stralsund liegt dicht bei Rügen – und von den Rügenern, da haben wir hier genug, das ist eine ganz schlimme Bande.«

Der Stralsunder: »Ih, denn schmiet se doch rut!«

Petrus: »Ja, wenn das so leicht wäre …«

Der Stralsunder, schnell: »För mi mücht dat so schlimm nich sinn. Ick will di wat seggen: Nimmst du mi hier bi di up, denn schaff ick di gliek de ganze Sipp von'n Liew!«

Petrus, erfreut die Tür öffnend: »Gut, abgemacht!«

Der Stralsunder besann sich nicht lange. Sofort ging er in die Ecke, wo es am lautesten zuging. Da waren nämlich die Rügenschen in Gruppen zusammen und lärmten und johlten, daß es nur so schallte. Als er bei ihnen ankam, legte er beide Hände wie einen Trichter an seinen Mund und brüllte: »Schipp in Sicht! Schipp – in – Siiicht!«

Kaum hatten die Rügenschen das vernommen, da sprangen sie auf und stürzten allesamt aus der Himmelstür hinaus, keiner von ihnen wollte der letzte sein.

Klapp! schlug Petrus die Tür hinter ihnen zu. Das war geschafft – wie froh war er, die ganze Gesellschaft losgeworden zu sein!

Hithin und Högin

In alter Zeit herrschte über die Nordländer König Frothas. Weit und breit nannte man ihn den Friedenskönig. Er kämpfte niemals, um andere Völker zu unterjochen. Nur wenn eines seiner Länder angegriffen wurde, zog er in den Krieg.

Einmal wollte er Heerschau halten und rief alle seine Könige mit ihren Schiffen und den bewährten Mannen zusammen. Da kamen sie aus Dänemark und den anderen Nordländern, auch von der Küste Rügens und versammelten sich um ihn, denn alle diese Länder beherrschte er.

Auch König Högin von Jütland segelte mit seiner Flotte herbei. Er hatte seine einzige Tochter Hilde bei sich, die so schön war, daß er sie auf allen Fahrten mitnahm aus Furcht, sie könnte ihm in seiner Abwesenheit von der Burg geraubt werden. Blond war die Jungfrau nicht, wie sonst die Nordländer, sondern dunkelhaarig mit brennenden, nachtdunklen Augen. Schlank und feingliedrig war sie und hatte heißes Blut.

Der junge König Hithin, der über einen Teil Norwegens herrschte, brachte hundertfünfzig Schiffe mit. Er war jung und schön, nicht sehr groß von Gestalt, aber gewandt und klug. Sein Haar war so hell, daß man an die Blüten der Königskerze denken mußte, wenn man ihn ansah. Bald hatte König Frothas mit ihm Freundschaft geschlossen.

Als Hithin und Hilde sich begegneten, entbrannten sie zueinander in heftiger Leidenschaft, und es war keine Ruhe mehr in ihren Herzen. Hithin wollte keine andere als Hilde zu seiner Gemahlin nehmen, und Hilde wollte einzig dem Hithin angehören. Da vermählte sie König Högin miteinander.

Alle, die König Frothas zur Heerschau gerufen hatte, feierten die Hochzeit des schönen, von allen bewunderten Paares. Tagelang währte das Fest, und Kampfspiele wurden zu Ehren von Hithins und Hildes Hochzeit abgehalten.

Unter den Rittersleuten des Königs Högin war einer, der Hilde einstmals begehrt hatte, doch war er abgewiesen worden. Als dieser Ritter das Glück der beiden jungen Menschen sah, wurde er zornig und haßte nun Hilde so sehr, wie er sie früher geliebt hatte. Er schwor im Innersten Rache und erzählte König Högin, er wisse genau, Hithin habe Hilde verführt, noch ehe sie sein Ehegemahl gewesen sei.

Da ergrimmte der jütländische König, denn er glaubte den Einflüsterungen – vielleicht weil Hithins und Hildes Liebe vom ersten Tage an allen Menschen offenbar gewesen war. Er überfiel Hithin mit seinen Schiffen und brach den Landesfrieden. Doch Hithin besiegte Högin, der nach Jütland fliehen mußte. Eigensinnig forderte er von dort aus seine Tochter zurück. Aber Hilde dachte nicht daran, Hithin, ihren geliebten Gemahl, zu verlassen. Daher bestimmte König Frothas, daß nur ein Zweikampf diesen Ehrenhandel entscheiden könne. Der Kampf sollte auf einer einsamen Insel vor Rügens Küste ausgetragen werden.

Am Morgen des entscheidenden Tages näherten sich zwei Schiffe der Insel. König Hithin und König Högin betraten, von wenigen Getreuen begleitet, das Ufer. Auch Hilde war gekommen und schritt an der Seite ihres Gatten zum Kampfplatz hinan.

Nahe am steil abfallenden Hochufer traten die Könige einander mit blitzenden Schwertern gegenüber. Ein Zeichen, und – ein Aufschrei gellte in der Runde – in ihrer Erbitterung waren beide in die hingehaltenen Schwerter gerannt und sanken durchbohrt zu Boden.

Jede Hilfe der Begleiter war vergebens. Keiner hatte den andern besiegen können, beide, Hithin und Högin, starben an den gleichen Wunden. Mit einem Schmerzensschrei brach Hilde an der Leiche Hithins zusammen.

Sie kehrte nicht in ihre nordische Heimat zurück, sondern blieb auf der Insel, die den toten Leib ihres Geliebten barg. In ihrem tiefen Gram beschwor sie oft die Geister der beiden Gefallenen herauf, so daß sie immer wieder um sie kämpfen und sterben mußten, ihr Vater und ihr Gatte. In mondhellen Nächten wurde dieser Gespensterkampf auf den Hügeln vor dem Dornbusch ausgetragen.

Hilde gebar ein Kind auf der Insel. Von ihr soll die Sippe der Witts abstammen, kühne Seefahrer, hellhaarig und schön gewachsen. Bei ihnen erbte sich der Name Hithin durch viele Geschlechter fort.

Auch die Insel trägt den Namen des jungen Norwegerkönigs: Hithinsoe – »Hithins Insel«, und daraus ist im Laufe der Zeit Hiddensee geworden.

Wie die Insel Hiddensee entstand

Einer anderen Sage zufolge soll die Insel nach einer Frau, der Mutter Hidden, benannt sein.

Als Mönche des Klosters Corvey an der Weser im neunten Jahrhundert nach Rügen kamen, reiste einer von ihnen bis nach dem äußersten Westen der Insel Rügen. In einem Fischerdorf bat er spät abends an einer Hüttentür um Einlaß und Aufnahme, wurde jedoch von einer Frau, die man Mutter Hidden nannte, wie ein Bettler mit harten Worten abgewiesen. Da wandte er sich an die Nachbarin, die Mutter Vidden hieß und eine arme Witwe war. Hier wurde er eingelassen, und die gute Frau bereitete ihm ein einfaches Mahl und ein Nachtlager.

Am andern Morgen dankte ihr der Mönch und schied mit den Worten: »Ich habe nicht Gold und Silber, um dir die freundliche Aufnahme zu bezahlen, doch deine erste Arbeit an diesem Tag soll dir gesegnet sein.«

Die Frau achtete nicht weiter auf diese Worte. Sie nahm ihre selbstgewebte Leinwand zur Hand, um sie zu messen. Damit wollte es nun kein Ende nehmen, sie maß und maß den ganzen Tag, bis die Sonne unterging. So bekam sie ihr ganzes Haus voll Leinwand, und die Rolle war immer noch nicht kleiner geworden.

Jetzt entsann sie sich der Worte des Mönchs und verstand auch ihren Sinn. Sie war eine reiche Frau geworden!

In ihrer Freude lief sie zu Mutter Hidden, ihrer Nachbarin, und erzählte von ihrem Glück. Ach, wie wurde Mutter Hidden neidisch, wie bereute sie es, den Mönch abgewiesen zu haben!

Nach einiger Zeit kam der Mönch wieder in das entlegene Fischerdorf. Mutter Hidden ging ihm schon entgegen und lud ihn ein, bei ihr zu essen und zu übernachten. Sie bereitete mit vielen Worten ein gutes Mahl, und er bekam das beste Bett für die Nacht.

Als sich der Gast am Morgen verabschiedete, brauchte er dieselben Worte wie bei der armen Witwe. Darauf hatte die Frau nur gewartet, und sie beschloß, sogleich die im Spartopf gesammelten Taler zu zählen und dadurch ihr ganzes Haus mit Silbergeld zu füllen. Da hörte sie die Kuh im Stall brüllen. Vor lauter Gier hatte sie vergessen, das Tier zu tränken.

»Warte!« sprach sie vor sich hin. »Du sollst mich bei meiner Arbeit nicht stören, ich werde dir schnell einen Eimer Wasser bringen.«

Mit dem Eimer in der Hand eilte sie zum Brunnen, um Wasser zu schöpfen. Als der Eimer voll war, konnte sie nicht aufhören mit dem Schöpfen. Immer mehr Wasser holte sie aus dem Brunnen herauf, bis alles Land um sie her vom Wasser überflutet war.

So geschah es, daß nun ein mächtiger See das Land von der Insel Rügen trennte, und man nannte es Hiddensee nach Mutter Hidden, die bald darauf arm und einsam starb. Mutter Vidden blieb wohlgeachtet und sorgenfrei ihr Leben lang, und nach ihr wurde das Dorf, in dem sie wohnte, Vitte genannt.

Kleines plattdeutsches Wörterverzeichnis

all – schon
anbacken – ankleben
anklacken – ankleben
as – wie, als
äwer – aber

Backaben – Backofen
Bangbüx – Angsthase
Bann – Bande
bäten – bißchen
bäter – besser
Been – Bein(e), Knochen
begäuschen – beeinflussen
beluuren – beobachten
bi – bei
biten – beißen
bleeken – bleichen
Boom – Baum
bören – heben
braken – (Flachs) brechen
Brauder – Bruder
Brüdegam – Bräutigam
Brut – Braut
Büdel – Beutel
Bur – Bauer
buten – draußen
Büx – Hose

Dätz – Kopf
Deel – Teil
dööpen – taufen
dor – da
drägen – tragen
Drak – Drache(n)
drögen – trocknen
dücht – deuchte, kam vor
Dußkopp – Dummkopf
Düwel – Teufel

ees – (ein)mal
em – ihm, ihn

farig – fertig
Flesch – Fleisch
fohrt – fuhr
Fründ – Freund

gan – gehen
gaten – gegossen
gellen – gelten
gliek – gleich
glöwen – glauben

häkeln – (Flachs) hecheln
halw – halb
harr – hatte
he – er
hebben – haben
herut – heraus
hewwen – haben
hollen – halten
Holt – Holz

Hunn – Hunde
Hus – Haus
hüt – heute

Ird – Erde, Erdreich
irer – eher

juch – euch

Kalf – Kalb
kamen – (ge)kommen
keek – guckte, blickte
Kirl – Kerl
köpen – kaufen
kort – kurz
kreegen – krieg(t)en

leewer – lieber
licht – leicht
Liew – Leib
lopen – laufen
Lüd – Leute
lütt – klein

mall – verrückt
Mausemärten – kleine Diebe
Miel – Meile
Mohre – Mutter
Moll – Mulde (längliches Holzgefäß mit Vertiefung)
möten – müssen
Mul – Maul
Muurer – Maurer

Nahwer – Nachbar
namen – genommen
nieg – neu
nog – genug

ok – auch
oll – alt
öwer – über
öwrig – übrig

Pien – Pein

Rauh – Ruhe
röwer – hinüber
rüken – riechen
rut – raus
ruuch – rauh, ungleichmäßig

sall – soll
säven – sieben
schäl, schall – soll
Schipp – Schiff
schmieten – schmeißen
schof – schob
schrapen – schaben
Schütt – Güsse
seech – sah
seggen – sagen
sitten – sitzen
söt – süß
spunn(en) – gesponnen
Steen – Stein
stunn – stand
sülm, sülwen – selbst, selber
süs – sonst
Swinskawen – Schweinekoben, -bucht

terräten – zerrissen
tog – zog
tosamen – zusammen
töwen – warten

Tüg – Zeug
tworst – zwar
up – auf, hoch
uptrecken – aufreihen
Urant – Löwenmaul

Venyn – Gift, Zaubermittel
vörto – davor

wäst – gewesen
watt – wird
wecker? – welcher?
wedder – wieder
wen – jemand
wewen – weben
wiel – weil
wier – war
witt – weiß
Wiwer – Weiber
wo? – wie?
wunn(en) – gewunden

Inhalt

Überarbeitete und neugestaltete Ausgabe
Einbandgestaltung: Christa Unzner-Fischer
Gesamtherstellung:
Offizin Andersen Nexö Leipzig GmbH
Printed in Germany 1994

ISBN 3-357-00953-6